에스페란토 기초 학습: 문법 걱정 없는 쉬운 과정

에스페란토 선생님

헬런 프라이어(Helen Fryer) 지음

우재훈(Cezaro) 편역

에스페란토 선생님

인   쇄: 2025년 7월 1일 초판 1쇄
발   행: 2025년 8월 7일 초판 2쇄
지은이: 헬런 프라이어(Helen Fryer)
편   역: 우재훈(Cezaro)
펴낸이: 오태영
출판사: 진달래
신고 번호: 제25100-2020-000085호
신고 일자: 2020.10.29
주   소: 서울시 구로구 부일로 985, 101호
전   화: 02-2688-1561
팩   스: 0504-200-1561
이메일: 5morning@naver.com
인쇄소: ㈜부건애드(성남시 수정구)

값: 12,000원
ISBN: 979-11-93760-27-7(03790)

ⓒ 헬런 프라이어(Helen Fryer), 우재훈(Cezaro)
본 책은 저작자의 지적 재산으로서 무단 전재와 복제를 금합니다.
파본된 책은 바꾸어 드립니다.

에스페란토 기초 학습: 문법 걱정 없는 쉬운 과정

에스페란토 선생님

헬런 프라이어(Helen Fryer) 지음
우재훈(Cezaro) 편역

진달래 출판사

원서

- 작가 : 헬런 프라이어(Helen Fryer)
- 제목 : The Esperanto Teacher, a Simple Course for Non-Grammarians
- 출판연도: 1907년 12월
- 출판사: British Esperanto Association

목차(Enhavo)

서문 ·· 7
이 책의 사용 방법 ·· 8
에스페란토에 대하여 ·· 9
에스페란토의 알파벳 ·· 11
소리의 강세 ··· 12
LESSON 1과(단어) ··· 13
LESSON 2과(꾸미는 말) ·· 15
LESSON 3과(복수형) ··· 17
LESSON 4과(가리키는 말) ·· 18
LESSON 5과(목적형) ··· 21
LESSON 6과(동사) ··· 24
LESSON 7과(대명사 si) ·· 26
LESSON 8과(숫자) ··· 28
LESSON 9과(수량) ··· 31
LESSON 10과(부정형) ··· 33
LESSON 11과(가정형) ··· 35
LESSON 12과(비교형) ··· 37
LESSON 13과(-mal, -in) ·· 41
LESSON 14과(re-, ek-, -ad) ··· 43
LESSON 15과(분사1) ··· 45
LESSON 16과(분사2) ··· 48
LESSON 17과(분사3) ··· 51
LESSON 18과(-ist) ·· 53
LESSON 19과(-ig, -iĝ) ··· 55
LESSON 20과(상관관계사) ·· 58
LESSON 21과(-eg, -et) ·· 66
LESSON 22과(-il) ·· 68
LESSON 23과(-an, -estr) ··· 70

LESSON 24과(-ar, -er) ·· 72
LESSON 25과(-ul) ·· 74
LESSON 26과(전치사) ·· 75
LESSON 27과(al) ·· 77
LESSON 28과(ĉe, apud) ·· 79
LESSON 29과(en) ·· 80
LESSON 30과(inter, ekster, el) ······························ 82
LESSON 31과(sur, super, sub) ······························ 84
LESSON 32과(tra, trans, preter) ··························· 86
LESSON 33과(antaŭ, post) ···································· 88
LESSON 34과(dum, ĝis, ĉirkaŭ) ···························· 90
LESSON 35과(de, da) ·· 92
LESSON 36과(per, kun, sen) ································· 94
LESSON 37과(por, pro) ··· 96
LESSON 38과(pri, laŭ) ··· 98
LESSON 39과(kontraŭ, anstataŭ, krom) ·············· 100
LESSON 40과(malgraŭ, spite, po) ······················· 102
LESSON 41과(-aĵ, -ec) ··· 105
LESSON 42과(-ej, -uj, -ing) ································· 107
LESSON 43과(ge-, bo-, pra-, -id, -ĉj, -nj) ············ 109
LESSON 44과(-ebl, -ind, -em) ······························ 111
LESSON 45과(dis-, -um, -aĉ) ······························· 113

[부록]

접속사 ·· 115
감탄사 ·· 115
복합어 ·· 116
문장의 구조 ··· 116
목적어와 함께 사용하는 단어 ····························· 117
유용한 표현들 ··· 118
편집자의 말 ··· 120
저자/역자 소개 ·· 121

서문

    이 세상에는 셀 수 없이 많은 외국어가 존재하지만, 거의 대부분은 온갖 불규칙 가득한 문법과 새로운 방대한 어휘들에 간혹 낯선 문자체계까지 더해져 한 언어를 마스터한다는 게 거의 극한의 도전과 같이 다가올 수밖에 없습니다. 하지만 에스페란토만큼은 시작 자체가 한 명의 다개국어에 능통한 언어 천재가 여러 유럽어를 기반으로 창안하였기에, 처음부터 문법에는 불규칙이라고는 아예 찾아볼 수가 없고, 어휘도 거의 영어 등 유럽어와 비슷하기에 암기에 큰 어려움이 없으며, 문자 역시 유럽식 알파벳을 그대로 사용하고 있기에 제로 베이스에서 새로 배울 필요가 없다는 것이 크나큰 장점입니다.

    하나의 외국어를 선택해서 배우기로 하였다면 또 그 중에서도 유럽쪽 언어를 배우기를 희망한다고 했을 때, 특정 국가 혹은 특정 민족의 언어만 배우게 된다면 그 한 언어만 배우고 그외 지역에서는 여전히 말이 통하지 않는다는 제약이 있을 수밖에 없습니다. 하지만 에스페란토는 (지금도 중국에서는 세계어(世界語)라고 부르듯이) 일종의 유럽 공통어로 출발하였기에 어느 한 국가의 언어에 종속되지 않고 유럽의 보편적 언어를 배우는 효과가 있습니다. 기왕이면 하나의 외국어로서 빠르게 그리고 손쉽게 배울 수 있는 에스페란토로 기반을 우선 쌓는다면 이중언어 사용자(Bilingual)가 되는 것은 그 시작일 뿐, 그 다음 여러 언어로 파생해서 확장해나가는 전략을 쓴다면 가장 효과적으로 다개국어 사용자(Polyglot)로까지 거듭날 수 있을 것입니다.

이 책의 사용 방법

　이 책은 기존 문법책 방식에 어려움을 느꼈던 학습자들을 돕기 위해 기획되었습니다. 독학은 물론, 다양한 교육 환경과 교과 과정에서도 활용할 수 있도록 폭넓고 실용적인 내용으로 구성되어 있습니다.

　목차는 하루에 한 과씩 학습해 나가다 보면, 약 한 달 반 만에 에스페란토의 기초를 마스터할 수 있도록 짜임새가 있습니다. 짧고 간결한 설명과 예문을 통해 필수 어휘를 익히고, 문장 읽기 연습을 하면서 영어와 비교해가며 자연스럽게 언어 감각을 키울 수 있도록 설계되었습니다.

　저자는 학습 초기 단계부터 가능한 한 에스페란토로 생각하는 습관을 들일 것을 제안합니다. 이를 위해서는 새로운 단어를 모국어로 번역해서 이해하려 하기보다는, 그 단어가 지닌 이미지나 의미를 바로 떠올리는 연습이 필요합니다. 예를 들어 "rozo = 장미", "kolombo = 비둘기"처럼 대응시키기보다는, 'rozo'나 'kolombo'라는 소리를 들었을 때 장미나 비둘기의 모습을 바로 떠올리는 방식입니다. 같은 맥락에서 "La suno brilas = 태양이 빛난다"라고 단순히 번역하는 대신, 실제로 태양이 빛나는 모습을 마음속에 그려보는 것이 좋습니다.

　각 과의 내용을 읽고 어휘를 익혔다면, 이제 문장을 큰 소리로 읽어보세요. 문장 구조에 익숙해지고 자연스럽게 발음할 수 있을 때까지 반복하는 것이 중요합니다. 영어 표현에 'Slow and steady wins the race(천천히 그러나 꾸준히 하면 결국 이긴다)'라는 말이 있듯, 언어 학습도 마찬가지입니다. 꾸준히, 천천히 나아가는 것이 결국 가장 빠른 길입니다.

에스페란토에 대하여

에스페란토의 창시자인 루드비코 라자로 자멘호프(Ludoviko Lazaro Zamenhof)는 1859년 12월, 폴란드의 작은 마을 비알리스토크(Białystok)에서 태어났습니다. 그곳에는 폴란드인, 러시아인, 독일인, 유대인 등 다양한 민족이 저마다의 언어와 문화를 지닌 채 서로 적대감을 안고 살아가고 있었습니다. 어린 시절 자멘호프는 가정교육을 통해 인간은 모두 형제라는 가르침을 받았지만, 현실은 그와는 정반대였습니다. 세상에는 차이로 인해 서로를 이해하지 못하고 결국은 미워하게 되는 수많은 사례들이 넘쳐났습니다.

특히 자멘호프는 자신이 속한 유대인 공동체가 언어적 장벽 때문에 다른 집단과 단절되며 겪는 고통을 뼈저리게 느꼈습니다. 그러면서도 그런 현실에 순응하기보다는 자존심을 지키고 싶었던 그는, 어느 누구에게도 일방적인 양보를 요구하지 않는 중립적인 언어를 직접 만들어야겠다고 결심하게 됩니다.

가족의 반대와 주변의 냉대, 끊임없는 시행착오 속에서도 그는 끝까지 포기하지 않았습니다. 오랜 시간 독창적인 언어를 설계하고, 다양한 주제로 번역과 창작을 시도하며 개선을 거듭한 끝에, 마침내 1887년, 그는 『국제어』라는 제목으로 첫 번째 에스페란토 책을 세상에 내놓게 됩니다.

그를 이 지난한 작업에 지치지 않고 몰두하게 만든 생각은, 어릴 적 가슴 깊이 새긴 그 이상이었습니다. 성인이 되어서도 그 꿈은 그의 흔들림 없는 헌신의 원천이 되어주었습니다. 그의 육성을 통해 우리는 그가 품었던 신념을 더욱 생생히 느낄 수 있습니다.

"우리는 에스페란토를 위해 나선 이유가 단지 실용적인 목적 때문만이 아니라, 그 안에 담긴 소중하고 진실된 이상 때문이라는 것을 알고 있습니다. 그 이상이란 바로 인류 전체의 형제애와 정의입니다."

"우리는 언제나 각 민족의 내부 문제에는 관여하지 않으며, 다만 그들 사이를 잇는 다리를 놓고자 한다는 점을 거듭 강조합니다. 에스페란티스토의 궁극적인 목표를 정확히 명시한 적은 없지만, 우리는 늘 그 의미를 분명히 느껴왔습니다. 그것은 바로 서로 다른 민족들이 차이에 대한 간섭 없이 평화롭게 공존할 수 있는 중립적인 기반을 마련하는 일입니다."

지금의 시각으로 보면 그의 꿈은 다소 이상적으로 보일 수도 있습니다. 하지만 하나의 꿈을 오랫동안 지켜내며 그토록 열정적으로 실현해나갔다는 점은 누구도 가볍게 평가할 수 없는 위대한 일입니다. 역사적으로도 이상적인 언어를 만들려는 시도는 수없이 많았고 지금도 계속되고 있지만, 에스페란토만큼 전 세계적으로 널리 퍼지고 지속적인 영향력을 지닌 사례는 아직 없습니다.

물론 현실적으로 보면, 오늘날 "세계어"의 자리는 사실상 영어가 차지하고 있고, 언어 하나로 인류의 평화를 이루겠다는 자멘호프의 바람이 순진해 보일 수도 있습니다. 하지만 바로 그 순수한 열망이야말로 서로 다른 배경, 다른 얼굴, 다른 생각을 가진 사람들의 마음을 움직이는 원동력이 되었음은 분명합니다.

에스페란토는 이제 '호모 로쿠엔스(Homo Loquens)', 즉 '말하는 인간'의 버킷리스트와도 같은 존재가 되었습니다. 다른 외국어에 비해 진입장벽이 매우 낮고, 직접 배워보면 의외로 신선하고 재미있습니다. 무엇보다도 '원어민'이라는 개념이 없기 때문에 문법 실수를 두려워하지 않고 누구나 편안하게 대화할 수 있다는 점이 큰 장점입니다. 그래서 오늘도 세계 곳곳에서 누군가는 에스페란토로 말하고, 쓰고, 배우고, 또 읽고 있습니다.

우리의 한글처럼 '공식적인 출생연도'를 가진 언어인 에스페란토. 그 언어의 성장 과정을 함께 경험해보는 것은 어떨까요?

※ 음성 파일

LibriVox(https://librivox.org)에서는 Public Domain 정책에 따라 본서의 원전에 대한 자원봉사자들의 각 레슨별 음성 녹음을 공개하고 있습니다.

- LibriVox에서 원문 듣기 :

https://librivox.org/the-esperanto-teacher-by-helen-fryer/

유튜브로 전문을 읽어주고 있습니다.

https://youtu.be/gYSdi1iCsOc?si=1Qh9FNrD1CzQM6lQ

에스페란토의 알파벳

글자와 소리

Aa	Bb	Cc	Ĉĉ	Dd	Ee	Ff
[a]	[b]	[ts]	[tʃ]	[d]	[e]	[f]
Gg	Ĝĝ	Hh	Ĥĥ	Ii	Jj	Ĵĵ
[g]	[dʒ]	[h]	[x]	[i]	[j, i̯]	[ʒ]
Kk	Ll	Mm	Nn	Oo	Pp	Rr
[k]	[l]	[m]	[n]	[o]	[p]	[r]
Ss	Ŝŝ	Tt	Uu	Ŭŭ	Vv	Zz
[s]	[ʃ]	[t]	[u]	[u̯]	[v]	[z]

　에스페란토에서는 예외 없이 각 글자가 항상 단 하나의 소리만 갖습니다. 그리고 당연히 각 소리는 오직 한 가지 방식으로만 표기됩니다. 에스페란토의 단어는 표기된 그대로 발음되며, 모든 글자가 빠짐없이 발음됩니다.

　자음은 영어와 마찬가지로 B, D, F, K, L, M, N, P, R, T, V, Z가 있습니다. 발음 또한 똑같기 때문에 별도의 설명은 필요치 않을 것 같습니다. 참고로 R은 L과 구분되도록 스페인어의 RR처럼 발음을 굴리기도 합니다만, 저처럼 안 되는 사람은 영어식으로 그냥 R로 발음하면 됩니다.

　영어에 있는 Q, W, X, Y는 에스페란토에서는 사용되지 않습니다. 그 발음도 존재하지 않는다는 것이 아니라, 이 발음을 내는 다른 에스페란토 알파벳으로 표기한다는 뜻입니다. 그리고 물론 외국어를 그대로 인용할 일이 있을 때에는 당연히 사용해도 됩니다.

　C, G, H, J, S는 영어에서는 속한 단어에 따라 (특정한 규칙 없이) 여러 가지로 발음이 되는데, 에스페란토에서는 글자 위에 ^ 표시(보통 생김새 때문에 '삿갓'이라고도 부르는)가 있고 없고에 따라 딱 두 가지로 발음이 됩니다.

　C는 영어에서 k나 s와 같은 발음이 존재하는데, 에스페란토에서는 'ㅉ'에 가깝게 발음되며, Ĉ는 'ㅊ'에 해당합니다. 영어식으로는 C는 짜르(tsar), Ĉ는 처치(church)를 연상하시면 됩니다.

　G는 'ㄱ', Ĝ는 'ㅈ'에 가깝습니다. 각각 영어단어 고(go), 젠틀(gentle)의 발음과 유사합니다.

H는 무성음으로 'ㅎ'니까 쉬운데, 다만 Ĥ는 영어에도 없는 발음이어서 어렵습니다. (참고로 발음이 독일어의 -ch에 가깝습니다.) 다행히 이 알파벳은 오늘날 거의 사용되지 않고 있습니다.

J는 영어의 y에 대응되며(예컨대, 예스(yes)), Ĵ는 영어 단어 중 플레져(pleasure)를 참고하시면 좋겠습니다.

S는 영어 s에, Ŝ는 영어의 sh에 해당됩니다. 즉 각각 레스(less), 쉬(she)를 떠올리시면 되겠습니다.

모음 A, E, I, O, U는 영어처럼 이런저런 변화를 주는 식으로 발음하지 않고, 우리가 알고 있는 그대로 단음절로만 발음합니다. 즉 A는 '아', E는 '에', I는 '이', O는 '오', 'U'는 '우'가 되는 것입니다. 그리고 Ŭ는 생긴 건 마치 모음처럼 보이지만 사실 자음으로 분류되며, 영어의 w에 해당됩니다. 위(we)처럼 말입니다.

A, E, I, O, U는 모두 변화가 없는 단일한 음이기 때문에, 발음하는 동안에 입모양이 변하지 않도록 연습하시기 바랍니다. 다만 복합모음일 경우에는 물론 더 정확한 발음을 내기 위해 입모양이 바뀔 수 있습니다. 각 글자를 완전히 똑똑히 발음한다고 생각하시면 도움이 될 것입니다. 이를테면, aj는 '아이', ej는 '에이', oj는 '오이', uj는 '우이', aŭ는 '아우', eŭ는 '에우'가 됩니다.

소리의 강세

악센트는 항상 마지막 음절 앞에 둡니다.

예를 들어, esp**e**ro, esper**a**nto, esperant**i**sto, esperantist**i**no; j**u**na, jun**u**lo, junul**a**ro처럼 강조된 부분을 참고하시면 됩니다. 그리고 모든 음절은 분명히 발음되어야 하며, 흘려서 발음하지 않도록 합니다. 전 세계의 서로 다른 언어를 쓰는 모든 사람들끼리 서로 오해 없이 알아듣도록 하고자 함입니다.

LESSON 1과

단어

에스페란토에서 단어는 보통 변하지 않는 부분, 곧 핵심적인 의미를 갖는 어근(語根), 그리고 그 단어의 속성이 무엇인지, 즉 용도를 보여주는 어미(語尾)로 구성되어 있습니다. 고로 어미의 변화를 통해 단어의 용도가 바뀌게 됩니다.

에스페란토	한국어	영어	에스페란토	한국어	영어
patro	아버지	father	frato	형제	brother
filo	아들	son	tajloro	재봉사	tailor
leono	사자	lion	besto	동물	animal
kolombo	비둘기	pigeon	birdo	새	bird
rozo	장미	rose	floro	꽃	flower
pomo	사과	apple	suno	태양	sun
tero	지구, 땅	earth, ground	ŝtono	돌	stone
ĉambro	방	room	fenestro	창문	window
libro	책	book	krajono	연필	pencil
plumo	펜	pen	ĉapelo	모자	hat
domo	집	house	arbo	나무	tree

위에서 "-o"로 끝나는 단어들을 주의깊게 살펴보시기 바랍니다. 모두 무언가의 명칭이라는 사실을 아시게 될 것입니다. 에스페란토에서는 모든 명칭이 "-o"로 끝나게 됩니다. 문법적으로는 '명사'라고 부릅니다.

에스페란토	한국어	영어	에스페란토	한국어	영어
estas	~이다	is, are, am	apartenas	~에 속하다	belong
brilas	빛나다	shine	kuŝas	~에 (놓여)있다	lie
staras	서 있다	stand			

끝이 "-as"로 된 단어도 봐주시기 바랍니다. 이는 현재 진행 중인 것, 혹은 지금 이 순간의 행동이나 상태를 표현하는 것입니다.

영어의 "a"나 "an"같은 부정관사가 에스페란토에는 없습니다. "the"라는 정관사에 대응해서 에스페란토에서는 "la"가 사용됩니다.

에스페란토	한국어	영어	에스페란토	한국어	영어
la	그	the	kaj	그리고	and
jes	네	yes	ne	아니오	no, not
al	~로	to, towards	sur	위에	on
en	안에	in	apud	옆에	by, near, beside
de	~의, ~로부터	of, from	kie	어디	where
kio	무엇	what	jen estas	여기에 있다	here is
ĉu	~일까?	whether	antaŭ	앞에	before, in front of

[에스페란토 읽기 연습]

Patro kaj frato. Leono estas besto. Rozo estas floro kaj kolombo estas birdo. La rozo apartenas al Teodoro. La suno brilas. La patro estas tajloro. Kie estas la libro kaj la krajono? Jen estas pomo. Sur la tero kuŝas ŝtono. Sur la fenestro kuŝas krajono kaj plumo. La filo staras apud la patro. Jen kuŝas la ĉapelo de la patro. La patro estas en la ĉambro. Antaŭ la domo staras arbo. Kio estas leono? Kio estas rozo? Kio brilas? Kio estas la patro? Kie estas la patro? Kio estas sur la fenestro? Kie estas la plumo?

Ĉu leono estas besto? Jes, leono estas besto. Ĉu rozo estas birdo? Ne, rozo ne estas birdo, rozo estas floro.

[영어 해석]

A father and a brother. A lion is an animal. A rose is a flower and a pigeon is a bird. The rose belongs to Theodore. The sun shines. The father is a tailor. Where are the book and the pencil? Here is an apple. On the ground lies a stone. On the window lie a pencil and a pen. The son stands by the father. Here lies the father's hat. The father is in the room. Before the house is a tree. What is a lion? What is a rose? What shines? What is the father? Where is the father? What is on the window? Where is the pen?

Is a lion an animal? Yes, a lion is an animal. Is a rose a bird? No, a rose is not a bird, a rose is a flower.

[우리말]

아버지와 형제. 사자는 동물입니다. 장미는 꽃이고, 비둘기는 새입니다. 그 장미는 테오도로의 것입니다. 태양이 빛납니다. 아버지는 재단사입니다. 책과 연필은 어디에 있나요? 여기 사과가 있어요. 땅 위에는 돌이 놓여 있습니다. 창문 위에는 연필과 펜이 놓여 있습니다. 아들은 아버지 옆에 서 있습니다. 여기 아버지의 모자가 놓여 있어요. 아버지는 방 안에 계십니다. 집 앞에는 나무가 서 있습니다. 사자는 무엇인가요? 장미는 무엇인가요? 무엇이 빛나요? 아버지는 어떤 일을 하시나요? 아버지는 어디에 계신가요? 창문 위에는 무엇이 있나요? 펜은 어디에 있나요?

사자는 동물인가요? 네, 사자는 동물입니다. 장미는 새인가요? 아니요, 장미는 새가 아니고, 장미는 꽃입니다.

LESSON 2과

모든 설명하는 단어, 즉 사람 혹은 사물의 종류나 특성을 말해주는 단어는 "-a"로 끝납니다. 문법 용어로는 '형용사'라고 부릅니다.

에스페란토	한국어	영어	에스페란토	한국어	영어
bela	아름다운	beautiful	blanka	하얀	white
blua	파란	blue	bona	좋은	good
fidela	충실한	faithful	forta	강한	strong
freŝa	신선한	fresh	juna	어린, 젊은	young
matura	성숙한	mature, ripe	nova	새로운	new
nutra	영양이 풍부한	nutritious	pura	깨끗한	pure, clean
riĉa	부유한	rich	sana	건강한	well, healthy
ĉielo	하늘	sky, heaven			
festo	파티, 축제	holiday	fraŭlino	아가씨	maiden, lady
homo	인간	human being	hundo	개	dog
infano	어린이	child	kajero	노트	exercise book
lakto	우유	milk	mano	손	hand
neĝo	눈(雪)	snow	pano	빵	bread
papero	종이	paper	tablo	탁자	table
vino	포도주	wine	onklo	아저씨(숙부)	uncle
pli	더욱	more	ol	~보다	than

[에스페란토 읽기 연습]

La patro estas sana. Infano ne estas matura homo. La ĉielo estas blua. Leono estas forta. La patro estas bona. La mano de Johano estas pura. Papero estas blanka. Blanka papero kuŝas sur la tablo. Jen estas la kajero de la juna fraŭlino. Sur la ĉielo staras la bela suno. La papero estas tre blanka, sed la neĝo estas pli blanka. Lakto estas pli nutra ol vino. La pano estas freŝa. La onklo estas pli riĉa ol la frato. Jen kuŝas ruĝa rozo. La hundo estas tre fidela. La libro estas nova.

[영어 해석]

The father is well. A child is not a mature man. The sky is blue. A lion is strong. The father is good. John's hand is clean. A paper is white. White paper lies on the table. Here is the young lady's exercise book. In the sky is the beautiful sun. The paper is very white, but the snow is whiter. Milk is more nutritious than wine. The bread is fresh. The uncle is richer than the brother. Here is a red rose. The dog is very faithful. The book is new.

[우리말]

아버지는 건강합니다. 아이는 성숙한 사람이 아닙니다. 하늘은 파랗습니다. 사자는 강합니다. 아버지는 착합니다. 요한의 손은 깨끗합니다. 종이는 하얗습니다. 하얀 종이가 탁자 위에 놓여 있습니다. 여기 젊은 아가씨의 공책이 있습니다. 하늘에는 아름다운 태양이 떠 있습니다. 종이는 매우 희지만, 눈은 더 흽니다. 우유는 와인보다 영양가가 높습니다. 빵은 신선합니다. 삼촌은 형보다 부자입니다. 여기 붉은 장미가 놓여 있습니다. 개는 매우 충실합니다. 책은 새것입니다.

[우리말] 3과

새들이 날아갑니다. 새들의 노래는 즐겁습니다. 소년들은 어디에 있나요? 아버지들은 건강합니다. 아이들은 성숙한 사람이 아닙니다. 사자들은 강합니다. 요한의 손들은 깨끗합니다. 여기 젊은 아가씨들의 공책들이 있습니다. 삼촌들은 형제들보다 부유합니다. 개들은 매우 충실합니다. 하얀 종이들이 탁자 위에 놓여 있습니다. 방에는 새로운 모자들이 있습니다. 날카로운 칼들은 어디에 있나요? 착한 아이들은 부지런합니다. 여기 깨끗하고, 하얗고, 섬세한 백합들이 놓여 있습니다. 사자들의 이빨은 날카롭습니다.

LESSON 3과

명사가 하나가 아닌 여러 사람 혹은 사물 곧 복수를 지칭할 때에는, 예컨대 rozo의 복수형 "rozoj", kolombo의 복수형 "kolomboj"처럼 뒤에 "-j"를 덧붙입니다. 또한 복수형을 설명하는 형용사에도, 이를테면 "ruĝaj rozoj"나 "La kolomboj estas belaj"처럼 마찬가지로 "-j"가 붙게 됩니다. 즉 "-j"는 에스페란토에서 명사 및 형용사가 복수형임을 가리키는 표시입니다.

에스페란토	한국어	영어	에스페란토	한국어	영어
jaro	년(年)	year	kanto	노래	song
knabo	소년	boy	lilio	백합	lily
tranĉilo	칼	knife	dento	이(齒)	tooth
agrabla	상냥한, 즐거운	agreeable, pleasant	akra	날카로운	sharp
delikata	섬세한, 민감한	delicate	flugas	날다	fly
diligenta	부지런한	diligent			
lundo	월요일	Monday	mardo	화요일	Tuesday
merkredo	수요일	Wednesday	ĵaŭdo	목요일	Thursday
vendredo	금요일	Friday	sabato	토요일	Saturday
dimanĉo	일요일	Sunday			

[에스페란토 읽기 연습]

La birdoj flugas. La kanto de la birdoj estas agrabla. Kie estas la knaboj? La patroj estas sanaj. Infanoj ne estas maturaj homoj. Leonoj estas fortaj. La manoj de Johano estas puraj. Jen estas la kajeroj de la junaj fraŭlinoj. La onkloj estas pli riĉaj ol la fratoj. La hundoj estas tre fidelaj. Blankaj paperoj kuŝas sur la tablo. En la ĉambro estas novaj ĉapeloj. Kie estas la akraj tranĉiloj? Bonaj infanoj estas diligentaj. Jen kuŝas puraj, blankaj, delikataj lilioj. La dentoj de leonoj estas akraj.

[영어 해석]

The birds fly. The song of the birds is pleasant. Where are the boys? The fathers are well. Children are not mature men. Lions are strong. John's hands are clean. Here are the young ladies' exercise books. The uncles are richer than the brothers. The dogs are very faithful. White papers lie on the table. In the room are new hats. Where are the sharp knives? Good children are diligent. Here are pure white delicate lilies. Lions' teeth are sharp. 우리말은 16p

LESSON 4과

아래의 단어들은 그 앞에서 언급된 명사를 굳이 반복하지 않고 지칭하기 위해 사용되는 것으로, 문법적으로는 '대명사'라고 불립니다.

에스페란토	한국어	영어	에스페란토	한국어	영어
mi	나	I	vi	너	you
li	그(남자)	he	ŝi	그녀	she
ĝi	그것	it	ni	우리	we
ili	그들	they	si	*7과에서 다룹니다.	
oni	사람들	one, people			

그리고 대명사에 "-a"를 덧붙이면, 예를 들어 "mia libro", "via pomo", "ilia infano" 처럼 소유하는 상태를 가리키게 됩니다.

에스페란토	한국어	영어	에스페란토	한국어	영어
mia	나의	my, mine	via	너의	your, yours
lia	그의	his	ŝia	그녀의	her, hers
ĝia	그것의	its	nia	우리의	our, ours
ilia	그들의	their, theirs	sia	*7과에서 다룹니다.	
oni	사람들	one, people			

이와 같은 대명사+형용사 형태로 복수를 가리키는 경우에는, 예컨대 "miaj libroj"(나의 책들), "viaj pomoj"(너의 사과들), "iliaj infanoj"(그들의 아이들)처럼 앞뒤 단어 모두에 "-j"를 덧붙여주어야 합니다.

인간 관계나 신체 부위를 지칭할 때에는 mia, lia 등이 있을 위치에 관사 la를 그냥 대신 사용하기도 합니다.

  La filo staras apud la patro. : The son stands by the father.
  (아들이 (자기) 아버지 곁에 서 있다)

내 것, 우리 것을 이야기할 경우 mia, nia 등이 la와 함께 사용될 수도 있고, la 없이 써도 무방합니다.

  La libro estas la mia. = La libro estas mia. : The book is mine.
  (그 책은 내 것이다)

"oni"는 문장 안에서 그 의미가 특정되지 않은 대상을 지칭할 때 사용합니다.

Tie ĉi oni povas maltime paroli. : Here one can speak fearlessly.
(여기서는 겁 없이 말할 수 있다)

Oni diras, ke li estas riĉa. : They say that he is rich. (그가 부자라고들 말한다)

Oni ofte manĝas tro rapide. : People often eat too quickly.
(사람들은 종종 너무 빨리 먹는다)

에스페란토	한국어	영어	에스페란토	한국어	영어
avo	할아버지	grandfather	amiko	친구	friend
ĝardeno	정원	garden	knabino	소녀	girl
ruso	러시아인	Russian	sinjoro	선생님(존칭)	gentleman, Sir.
vero	진실	truth	venas	오다	come
iras	가다	go	legas	읽다	read
skribas	쓰다	write	ploras	울다	cry
volas	원하다	will, wish	diras	말하다	say
sidas	앉아 있다	sit	venkas	이기다	conquer
manĝi	먹다	to eat	ĝentila	공손한	polite
silente	조용히	silently	kiu	누구, 어느 것	who, which
ĉiu	각각	each, every	ĉiuj	모두	all
la plej	가장~	the most	tiel	그렇게	as, so
kiel	~로서,~만큼	as	nun	지금	now
ankaŭ	~도, 또한	also	ĉiam	항상, 언제나	always
el	~로부터	out of	ĉar	때문에	because, for

[에스페란토 읽기 연습]

Mi legas. Vi skribas. Li estas knabo, kaj ŝi estas knabino. Ni estas homoj. Vi estas infanoj. Ili estas rusoj. Kie estas la knaboj? Ili estas en la ĝardeno, Kie estas la knabinoj? Ili ankaŭ estas en la ĝardeno. Kie estas la tranĉiloj? Ili kuŝas sur la tablo. La infano ploras, ĉar ĝi volas manĝi. Sinjoro, vi estas neĝentila. Sinjoroj, vi estas neĝentilaj. Oni diras, ke la vero ĉiam venkas. La domo apartenas al li. Mi venas de la avo, kaj mi iras nun al la onklo. Mi estas tiel forta kiel vi. Nun mi legas, vi legas, kaj li legas, ni ĉiuj legas. Vi skribas, kaj la infanoj skribas, ili ĉiuj sidas silente kaj skribas.

Mia hundo, vi estas tre fidela. Li estas mia onklo, ĉar mia patro estas lia frato. El ĉiuj miaj infanoj, Ernesto estas la plej juna. Lia patro kaj liaj fratoj estas en la ĝardeno. Ŝia onklo estas en la domo. Kie estas viaj libroj? Niaj libroj kuŝas sur la tablo; iliaj krajonoj kaj ilia papero ankaŭ kuŝas sur la tablo.

Kiu estas en la ĉambro? Kiuj estas en la ĉambro? La sinjoro, kiu legas, estas mia amiko. La sinjoro, al kiu vi skribas, estas tajloro. Kio kuŝas sur la tablo?

[영어 해석]

I read. You write. He is a boy, and she is a girl. We are men. You are children. They are Russians. Where are the boys? They are in the garden. Where are the girls? They also are in the garden. Where are the knives? They are on the table. The child cries, because it wants to eat. Sir, you are impolite. Gentlemen, you are impolite. Tkey say that truth always conquers. The house belongs to him. I come from grandfather, and I go now to uncle. I am as strong as you. Now I read, you read, and he reads, we all read. You write and the children write, they all sit silent and write.

My dog, you are very faithful. He is my uncle, for my father is his brother. Of all my children, Ernest is the youngest. His father and his brothers are in the garden. Her uncle is in the house. Where are your books? Our books are on the table; their pencils and their paper also are on the table.

Who is in the room? Who are in the room? The gentleman who is reading is my friend. The gentleman to whom you are writing is a tailor. What is lying on the table?

[우리말]

나는 읽습니다. 당신은 씁니다. 그는 소년이고, 그녀는 소녀입니다. 우리는 사람들입니다. 당신은 아이들입니다. 그들은 러시아인입니다. 소년들은 어디에 있나요? 그들은 정원에 있습니다. 소녀들은 어디에 있나요? 그들 역시 정원에 있습니다. 칼들은 어디에 있나요? 그것들은 탁자 위에 놓여 있습니다. 아이는 먹고 싶어서 웁니다. 선생님, 당신은 불친절합니다. 여러분, 당신들은 불친절합니다. 사람들은 진실이 항상 승리한다고 말합니다. 그 집은 그의 소유입니다. 나는 할아버지에게서 와서 지금 삼촌에게로 갑니다. 나는 당신만큼 강합니다. 지금 나는 읽고, 당신은 읽고, 그도 읽습니다. 우리 모두 읽고 있습니다. 당신은 쓰고, 아이들도 씁니다. 그들은 모두 조용히 앉아서 씁니다.

나의 개야, 너는 정말 충실하구나. 그는 나의 삼촌입니다. 왜냐하면 나의 아버지가 그의 형제이기 때문입니다. 나의 모든 자녀들 중에서 에르네스토가 가장 어립니다. 그의 아버지와 그의 형제들은 정원에 있습니다. 그녀의 삼촌은 집에 있습니다. 당신의 책들은 어디에 있나요? 우리의 책들은 탁자 위에 놓여 있습니다. 그들의 연필과 그들의 종이도 탁자 위에 놓여 있습니다.

방에 누가 있나요? 방에 누가 있나요(복수)? 책을 읽는 신사분은 나의 친구입니다. 당신이 편지를 쓰는 그 신사분은 재단사입니다. 탁자 위에는 무엇이 놓여 있나요?

LESSON 5과

단어 끝에 "-n"를 사용하는 방법

문장의 의미를 이해하기 위해서는 그것이 무엇에 대해 말하는 것인지, 문장의 주어가 무엇인지 분명하게 그리고 틀림없이 인식할 수 있어야 합니다. 문법 구조에 익숙하지 않다면 우선 주어가 무엇인지부터 온전히 이해하는 것이 필요할 것 같습니다. '주어'란 우리가 생각하고 말하는 그 주체를 지칭합니다.

우선 영어에서라면 문장 내에서의 위치로 파악할 수가 있습니다. 보통은 문장의 맨 앞에 놓이는 단어가 곧 주어가 됩니다. 그런데 에스페란토에서는 문장의 의미가 그 순서에 굳이 얽매여 있지 않습니다. 예를 들어 "Johano vizitis Georgon"와 "Georgon vizitis Johano"의 두 문장은 둘 다 "Johano가 Georgo를 찾아갔다"라는 완전히 똑같은 의미를 가집니다. 여기서 "Georgo"의 뒤에 붙어 있는 "-n"가 "Georgo"는 문장 내에서 주어가 아님을 보여주는 것입니다. (참고로 한국어에서 "-을", "-를"처럼 조사로 그것이 목적어임을 보여주듯이 에스페란토에서는 '-n'를 붙임으로써 마찬가지로 그것이 목적어임을 명시하는 것입니다.)

따라서 아래의 문장들은 순서상 영어로는 이상할지 몰라도 에스페란토에서는 헷갈릴 일이 없습니다.

La patron mordis la hundo. (아버지를 개가 물었다.)
La infanon gratis la kato. (아이를 고양이가 할퀴었다.)
La birdojn pafis Johano. (새를 Johano가 쏘았다.)
La musojn kaptis la knabo. (쥐를 소년이 잡았다.)
La kokidon manĝis la onklo. (병아리를 아저씨가 먹었다.)
La bildon pentris la pentristo. (그림을 화가가 그렸다.)
La fiŝojn vendis la fiŝisto. (물고기를 어부가 팔았다.)

이 문장들에서 주어는 각각 hundo, kato, Johano, knabo, onklo, pentristo, fiŝisto가 되고, 끝에 '-n'가 붙은 patron, infanon, birdojn, musojn, kokidon, bildon, fiŝojn은 스스로 주어가 아님을 명시적으로 보여주고 있습니다.

"-n"를 사용하면 영어에서라면 불분명했을 문장도 좀 더 명확해지는 효과가 있습니다. 이를테면, "John loves Mary more than George"라는 영어 문장은 ① 내가 George를 사랑하는 것보다 Mary를 더 사랑한다는 것인지(즉 George는 목적어), 아니면 ② George가 Mary를 사랑하는 것보다 내가 더 Mary를 사랑한다는 것인지(즉 George는 또 다른 주어) 헷갈릴 수 있습니다.

그런데 에스페란토에서는 둘이 분명히 구분됩니다. ② "Johano amas Marion pli ol

Georgo"는 나보다 Georgo가 더 Mario를 사랑한다는 뜻이고(즉 Georgo는 또 다른 주어), ① "Johano amas Marion pli ol Georgon"은 내가 Mario를 사랑하기보다는 Georgo를 더 사랑한다는 뜻입니다(즉 Georgo는 목적어). 이를 가능케 하는 것이 바로 Georgo 뒤에 목적격인 "-n"가 있느냐 없느냐 때문인 것입니다.

그런데 문장 맨 앞에 위치하면서 그리고 "-n"가 없는데도 주어가 아닌 경우들이 있습니다. 예시를 들어보면, "Sur la tero kuŝas ŝtono"는 "땅 위에 돌이 놓여 있다"는 뜻이고, "Antaŭ la pordo staras arbo"는 "문 앞에 나무가 서 있다"는 뜻입니다. 문장 맨 앞에서 "-n"가 없어도 "땅(la tero)"이나 "문(la pordo)"은 주어로 보지 않는데, 왜냐하면 바로 앞에 문장의 나머지 부분과의 연결을 담당하는 "위(sur)", "앞(antaŭ)"이라는 단어가 함께 있기 때문입니다. 즉 "땅 위에(sur la tero)", "문 앞에(antaŭ la pordo)"와 같이 말입니다. 26과에 좀 더 자세히 다루겠지만, "위(sur)", "앞(antaŭ)"같은 단어들은 '전치사'라고 부릅니다. 이 전치사들 뒤에 따라붙는 명사나 대명사는 문장의 주어가 될 수 없다는 점만 기억하시면 되겠습니다.

다시 한번 정리하자면, 명사 혹은 대명사가 주어가 아닌 목적어일 때는 "-n"를 붙인다는 것입니다. (이와는 또 다른 "-n"의 용법이 있는데 이는 나중에 12과와 26과에서 다루겠습니다.)

끝으로 주의할 점은 명사에 "-n"를 붙일 때는 수식하는 형용사에도 마찬가지로 "-n"를 붙여야 한다는 것입니다.

Li donas al mi belan ruĝan floron.
: He gives me a beautiful red flower. (그가 나에게 예쁜 빨간 꽃을 선물합니다)

Li donas al mi belajn ruĝajn florojn.
: He gives me beautiful red flowers. (그는 나에게 예쁜 빨간 꽃들을 선물합니다)

에스페란토	한국어	영어	에스페란토	한국어	영어
letero	편지	letter	litero	글자	alphabet
festo	파티, 축제	festival, holiday	tago	날(日), 낮	day
nokto	밤(夜)	night	mateno	아침	morning
multaj	많은	many	obstina	완고한, 고집	obstinate
ĝoja	기쁜, 즐거운	joyful, joyous	hela	밝은	bright, clear
amas	사랑하다	love	vidas	보다	see
konas	알다	know	havas	있다, 가지다	have, possess
luno	달(月)	moon	stelo	별(星)	star
vintro	겨울	winter	forno	난로	stove
edzino	아내	wife	pala	창백한	pale
deziras	바라다	desire, wish	eraras	틀리다	err, be wrong
vokas	부르다	call	hejtas	달구다	heat
hodiaŭ	오늘	today	malpli	덜	less
kiam	언제	when	kia	어떤	what kind of

[에스페란토 읽기 연습]

Mi vidas leonon. Mi legas libron. Mi amas la patron. Mi konas Johanon. La patro ne legas libron, sed li skribas leteron. Mi ne amas obstinajn homojn. Mi deziras al vi bonan tagon, sinjoro. Bonan matenon! Ĝojan feston (mi deziras al vi). Kia ĝoja festo! En la tago ni vidas la helan sunon, kaj en la nokto ni vidas la palan lunon kaj la belajn stelojn. Ni havas pli freŝan panon ol vi. Ne, vi eraras, sinjoro, via pano estas malpli freŝa, ol mia. Ni vokas la knabon, kaj li venos. En la vintro oni hejtas la fornojn. Kiam oni estas riĉa, oni havas multajn amikojn. Li amas min, sed mi lin ne amas. Sinjoro P. kaj lia edzino tre amas miajn infanojn; mi ankaŭ tre amas iliajn. Mi ne konas la sinjoron, kiu legas.

[영어 해석]

I see a lion. I read a book. I love father. I know John. The father is not reading a book, but he is writing a letter. I do not like obstinate people. I wish you good-day, sir. Good morning! A pleasant holiday (I wish you). What a joyful festival! In the day we see the bright sun, and at night we see the pale moon and the beautiful stars. We have newer bread than you. No, you are wrong, sir, your bread is staler than mine. We call the boy, and he comes. In winter they heat the stoves. When one is rich one has many friends. He loves me, but I do not love him. Mr. P. and his wife love my children very much; I also love theirs very much. I do not know the gentleman who is reading.

[우리말]

나는 사자를 봅니다. 나는 책을 읽습니다. 나는 아버지를 사랑합니다. 나는 요한을 압니다. 아버지는 책을 읽지 않고, 편지를 씁니다. 나는 고집 센 사람들을 사랑하지 않습니다. 좋은 하루 되세요, 선생님. 좋은 아침입니다! 즐거운 축제 되세요(제가 당신에게 바랍니다). 정말 즐거운 축제네요! 낮에는 밝은 태양을 보고, 밤에는 희미한 달과 아름다운 별들을 봅니다. 우리는 당신 것보다 더 신선한 빵을 가지고 있습니다. 아닙니다, 선생님, 당신이 틀렸어요, 당신의 빵은 제 빵보다 덜 신선합니다. 우리는 소년을 부를 것이고, 그는 올 것입니다. 겨울에는 난로를 땝니다. 부자가 되면 많은 친구들을 가집니다. 그는 나를 사랑하지만, 나는 그를 사랑하지 않습니다. P씨와 그의 아내는 나의 아이들을 매우 사랑합니다. 나도 그들의 아이들을 매우 사랑합니다. 나는 책을 읽고 있는 그 신사분을 모릅니다.

LESSON 6과

1과에 우리는 "-as"로 끝나는 단어는 지금의 행동 혹은 현재의 상태를 표현하는 말임을 배웠습니다. 그 행동 및 상태라 함은 이 순간 그것이 진행중이거나 일반적인 사실이라는 것을 말합니다.

　Mi vidas(나는 본다), Ŝi estas(그녀는 ~이다), Ili suferas(그들은 고통받는다)
행동이나 상태가 과거에 일어난 것이라면 "-is"라는 표현을 씁니다.
　Mi vidis(나는 보았다), Ŝi estis(그녀는 ~였다), Ili suferis(그들은 고통받았다)
행동이나 상태가 다가오는 미래에 벌어질 일이라면 "-os"가 사용됩니다.
　Mi vidos(나는 볼 것이다), Ŝi estos(그녀는 ~일 것이다), Ili suferos(그들은 고통받을 것이다)

무언가 전하거나 행동 혹은 상태를 표현하는 단어는 문법적 용어로 '동사'라고 부릅니다. 참고로 동사의 어근은 아래 어휘표에서 "-i"로 끝나는 단어의 바로 앞부분까지입니다.

에스페란토	한국어	영어	에스페란토	한국어	영어
respondi	대답하다	to answer	fari	하다, 만들다	to do, make
forpeli	쫓아내다	to drive away	ricevi	받다, 얻다	to receive, get
doni	주다	to give	trovi	발견하다	to find
renkonti	만나다	to meet	saluti	인사하다	to greet, salute
rakonti	이야기하다	to relate, tell	viziti	방문하다	to visit
dormi	잠자다	to sleep	veki	깨우다	to wake
serĉi	찾다	to seek	fini	끝마치다	to end
timi	무서워하다	to fear	atingi	도착하다, 닿다	to reach to
historio	역사	history	kuzo	사촌	cousin
plezuro	기쁨, 즐거움	pleasure	horloĝo	시계	clock
laboro	일	work	popolo	사람들, 민중	people
virino	여인	woman	aĝo	나이	age
jaro	년(年)	year	permeso	허락, 허가	permission
surda	듣지 못하는	deaf	muta	말을 못하는	dumb
dolĉa	단	sweet	tri	3	three
dek-kvin	15	fifteen	kial	왜	why
hieraŭ	어제	yesterday	morgaŭ	내일	tomorrow
antaŭ	이전에, 앞에	before	post	이후에	after
jam	벌써, 이미	already	jam ne	더는 ~ 아니다	no more

[에스페란토 읽기 연습] Kial vi ne respondas al mi? Ĉu vi estas surda aŭ muta? Kion vi faras? La knabo forpelis la birdojn. De la patro mi ricevis libron, kaj de la frato mi ricevis plumon. La patro donis al mi dolĉan pomon. Jen estas la pomo, kiun mi trovis. Hieraŭ mi renkontis vian filon, kaj li ĝentile salutis min. Antaŭ tri tagoj mi vizitis vian kuzon, kaj mia vizito faris al li plezuron. Kiam mi venis al li, li dormis, sed mi lin vekis.

Mi rakontos al vi historion. Ĉu vi diros al mi la veron? Hodiaŭ estas sabato, kaj morgaŭ estos dimanĉo. Hieraŭ estis vendredo, kaj postmorgaŭ estos lundo. Ĉu vi jam trovis vian horloĝon? Mi ĝin ankoraŭ ne serĉis; kiam mi finos mian laboron, mi serĉos mian horloĝon, sed mi timas, ke mi ĝin jam ne trovos. Se vi nin venkos, la popolo diros, ke nur virinojn vi venkis. Kiam vi atingos la aĝon de dek-kvin jaroj, vi ricevos la permeson.

[영어 해석] Why do you not answer me? Are you deaf or dumb? What are you doing? The boy drove away the birds. From father I received a book, and from brother I received a pen. Father gave me a sweet apple. Here is the apple which I found. Yesterday I met your son, and he politely greeted me. Three days ago I visited your cousin, and my visit gave to him pleasure. When I came to him he was sleeping, but I woke him.

I will relate to you a story. Will you tell me the truth? Today is Saturday, and tomorrow will be Sunday. Yesterday was Friday, and the day after tomorrow will be Monday. Have you yet found your watch? I have not yet looked for it; when I have finished my work I will look for my watch, but I fear that I shall not find it again. If you conquer us, the people will say that only women you conquered. When you attain the age of fifteen years, you will receive the permission.

[우리말] 왜 내게 대답하지 않니? 귀가 먹었니 아니면 말을 못 하니? 무엇을 하고 있니? 그 소년은 새들을 쫓아냈습니다. 아버지에게서 책을 받았고, 형제에게서 만년필을 받았습니다. 아버지는 나에게 달콤한 사과를 주셨습니다. 여기 내가 찾은 그 사과가 있습니다. 어제 나는 당신의 아들을 만났고, 그는 나에게 정중하게 인사했습니다. 사흘 전에 나는 당신의 사촌을 방문했고, 나의 방문은 그에게 기쁨을 주었습니다. 내가 그에게 갔을 때, 그는 잠들어 있었지만 나는 그를 깨웠습니다.

내가 당신에게 이야기를 들려줄게요. 당신은 나에게 진실을 말해줄 건가요? 오늘은 토요일이고, 내일은 일요일일 것입니다. 어제는 금요일이었고, 모레는 월요일일 것입니다. 당신은 이미 당신의 시계를 찾았나요? 나는 아직 그것을 찾지 않았습니다. 나의 일을 마치면 나의 시계를 찾을 것이지만, 나는 그것을 더 이상 찾지 못할까 봐 두렵습니다. 만약 당신이 우리를 이긴다면, 사람들은 당신이 여자들만을 이겼다고 말할 것입니다. 당신이 15세가 되면, 당신은 허락을 받을 것입니다.

LESSON 7과

영어에서는 him, her, it, them 등과 같은 대명사를 사용할 때 헷갈리는 일이 종종 발생합니다. 예를 들어, "John loves his brother and his children."(John은 그의 형과 그의 아이들을 사랑합니다)라고 했을 때, 여기서 아이들이란 누구의 아이를 말하는 것일까요? John의 아이일까요, 아니면 형의 아이일까요? 또는 "The boys brought to their fathers their hats."(아이들은 아버지들에게 그들의 모자를 가져왔습니다)라고 하면, 이때의 모자는 누구의 것일까요? 아이들일까요, 아버지들일까요? "She gave her sister her book."(그녀는 언니에게 그녀의 책을 주었습니다)에서 책은 누구의 것일까요? 자신의 것일까요, 혹은 언니의 것일까요?

이러한 모호한 상황을 에스페란토에서는 자기 자신을 지칭하는 대명사 "si"를 사용함으로써 해결합니다. 눈치채셨겠지만 si는 주격의 형태이고, 목적격은 sin, 소유격은 sia가 됩니다.

"si"는 그 문장의 주어를 가리킵니다. 따라서 위의 첫 번째 영어 문장을 에스페란토 식으로 표현해서 모호함을 없애보자면, Johano가 자신의 아들을 사랑할 때에는 "Johano amas sian fraton kaj sian filon"라고 하면 되고, 그게 아니라 형의 아들을 사랑하는 경우엔 끝부분을 "... lian filon"으로 바꿔주면 그만입니다. 두 번째 문장도 "La knaboj alportis al siaj patroj siajn ĉapelojn"으로 하면 아이들이 자신들의 모자를 가져온 것이 되고, 혹여나 아버지들의 모자였다면 "... iliajn ĉapelojn."으로 바꿔주면 됩니다. 세 번째 문장도 "Ŝi donis al sia fratino sian libron"으로 하면 자기 자신의 책을, "Ŝi donis al sia fratino ŝian libron"일 경우 언니의 책을 준 것이 됩니다.

에스페란토	한국어	영어	에스페란토	한국어	영어
gasto	손님	guest	vespero	저녁	evening
manĝo	식사	meal	pupo	인형	doll
aventuro	모험	adventure	palaco	궁전	palace
zorgi	돌보다	to take care of	gardi	지키다	to guard
ami	사랑하다	to love	akompani	동행하다	to accompany
lavi	씻다, 빨다	to wash	montri	보여주다	to show
flegi	간호하다	to take care of	reveni	돌아오다	to come back
pri	대하여	concerning, about	ĝis	~까지	until, as far as
tute	모두, 전부	quite, wholly	tute ne	전혀	not at all
kun	함께, 같이	with	el	~로부터	out of
eliri	나가다	to go out of			

만약 "Li diris al si..."라고 한다면 그것은 자기 자신에게 말한 것이고, "Li diris al li..."의 경우엔 또 다른 남자에게 말한 것이 됩니다.

다시 말씀드리지만 "si"는 오직 주어만 가리킬 뿐입니다. 즉 주어로서 독립적으로 앞에 나올 수 없다는 뜻입니다. 따라서 "Park씨와 그의 아내는 내 아이들을 사랑한다"라는 문장을 에스페란토로 쓴다면, "Sinjoro Park kaj lia edzino tre amas miajn infanojn"가 되어야 합니다. "Sinjoro Park kaj sia edzino"는 문법상 틀린 문장이 됩니다.

참고로 "mem"이라는 표현도 있는데, 이는 자기 자신을 지칭하는 단어로서 강조의 목적으로만 사용됩니다. 즉 "Mi mem"(나 자신)처럼 활용하시면 되겠습니다.

[에스페란토 읽기 연습]

Mi amas min mem, vi amas vin mem, li amas sin mem kaj ĉiu homo amas sin mem. Mi zorgas pri ŝi tiel, kiel mi zorgas pri mi mem, sed ŝi mem tute ne zorgas pri si, kaj tute sin ne gardas. Miaj fratoj havis hodiaŭ gastojn; post la vespermanĝo niaj fratoj eliris kun la gastoj el sia domo kaj akompanis ilin ĝis ilia domo. Mi lavis min en mia ĉambro, kaj ŝi lavis sin en sia ĉambro. La infano serĉis sian pupon; mi montris al la infano, kie kuŝas ĝia pupo. Ŝi rakontis al li sian aventuron. Ŝi revenis al la palaco de sia patro. Siajn florojn ŝi ne flegis. Mia frato diris al Stefano, ke li amas lin pli ol sin mem.

[영어 해석]

I love myself, you love yourself, he loves himself, and every man loves himself. I take care of her as I take care of myself, but she takes no care at all of herself, and does not look after herself at all. My brothers had guests today; after supper our brothers went with the guests out of their house and accompanied them as far as their house. I washed myself in my room, and she washed herself in her room. The child was looking for its doll; I showed the child where its doll lay. She related to him her adventure. She returned to her father's palace. Her flowers she tended not. My brother said to Stephen, that he loved him more than himself.

우리말은 30p

[보충 설명]

읽기 연습 중 밑줄 친 문장에서, 과거형 "montris"(보여주었다) 뒤에 똑같은 과거형이 아닌 현재형으로 "kuŝas"(놓여 있다)을 사용한 부분을 봐주시기를 바랍니다. 그 이유는 바로 보여주는 행위가 있었던 바로 그 시간에 놓여 있는 상황이 현재진행형으로 지속 중이었던 상태이기 때문입니다.

LESSON 8과

에스페란토의 숫자는 다음과 같습니다.

에스페란토	한국어	영어	에스페란토	한국어	영어
unu	1	one	du	2	two
tri	3	three	kvar	4	four
kvin	5	five	ses	6	six
sep	7	seven	ok	8	eight
naŭ	9	nine	dek	10	ten
cent	100	hundred	mil	1,000	thousand

10 이상의 숫자는 적혀 있는 순서대로 똑같이 쓰고 읽습니다. 즉 11은 dek unu, 12는 dek du, 13은 dek tri, 19는 dek naŭ가 되는 방식입니다. 10 단위의 숫자는 하나의 단어로 합쳐서 씁니다. 곧 20은 dudek, 30은 tridek, 90은 naŭdek로 한 단어처럼 사용됩니다. 그외에도 23은 dudek tri, 47은 kvardek sep, 85는 okdek kvin, 136은 cent tridek ses, 208은 ducent ok, 359는 tricent kvindek naŭ, 1,001은 mil unu, 2,877은 dumil okcent sepdek sep, 1,907은 mil naŭcent sep가 되는 식입니다. 참고로 0은 nulo입니다.

에스페란토	한국어	영어	에스페란토	한국어	영어
buŝo	입	mouth	orelo	귀	ear
fingro	손가락	finger	horo	시간	hour
minuto	분(分)	minute	sekundo	초(秒)	second
monato	월(月)	month	semajno	주(週)	week
dato	날짜	date	povi	할 수 있다	can, to be able
promeni	산책하다	to take a walk	konsisti	구성되다	to consist
elekti	고르다	to choose, elect	forgesi	잊다	to forget
krei	만들다	to create	estu	~이어라	should be
facile	쉽게	easily	sankta	신성한	holy
unuj	일부, 몇몇	some	alia	다른	other
ĉio	모든 것	everything, all	multe	많이	much, many
per	~로써	by means of, through, with	nur	오직, 단지	only
malbona	나쁜	bad	Kristnaska Tago	크리스마스	Christmas Day

에스페란토	한국어	영어	에스페란토	한국어	영어
Januaro	1월	January	Februaro	2월	February
Marto	3월	March	Aprilo	4월	April
Majo	5월	May	Junio	6월	June
Julio	7월	July	Aŭgusto	8월	August
Septembro	9월	September	Oktobro	10월	October
Novembro	11월	November	Decembro	12월	December

[에스페란토 읽기 연습]

Du homoj povas pli multe fari ol unu. Mi havas nur unu buŝon, sed mi havas du orelojn. Li promenas kun tri hundoj. Li faris ĉion per la dek fingroj de siaj manoj. El ŝiaj multaj infanoj unuj estas bonaj kaj aliaj malbonaj. Kvin kaj sep faras dek du. Dek kaj dek faras dudek. Kvar kaj dek ok faras dudek du. Tridek kaj kvardek kvin faras sepdek kvin. Mil okcent naŭdek tri. Li havas dek unu infanojn. Sesdek minutoj faras unu horon, kaj unu minuto konsistas el sesdek sekundoj.

Januaro estas la unua monato de la jaro, Aprilo estas la kvara, Novembro estas la dek-unua, kaj Decembro estas la dek-dua. La dudeka (tago) de Februaro estas la kvindek-unua tago de la jaro. La sepan tagon de la semajno Dio elektis, ke ĝi estu pli sankta, ol la ses unuaj tagoj. Kion Dio kreis en la sesa tago? Kiun daton ni havas hodiaŭ? Hodiaŭ estas la dudek-sepa (tago) de Marto. Kristnaska Tago estas la dudek-kvina (tago) de Decembro, Novjara Tago estas la unua de Januaro. Oni ne forgesas facile sian unuan amon.

[영어 해석]

Two men can do more than one. I have only one mouth, but I have two ears. He walks out with three dogs. He did everything with the ten fingers of his hands. Of her many children some are good and others bad. Five and seven make twelve. Ten and ten make twenty. Four and eighteen make twenty two. Thirty and forty five make seventy five. One thousand eight hundred and ninety three. He has eleven children. Sixty minutes make one hour, and one minute consists of sixty seconds.

January is the first month of the year, April is the fourth, November is the eleventh, and December is the twelfth. The twentieth day of February is the fifty-first day of the year. The seventh day of the week God chose to be more holy than the six first days. What did God create on the sixth day? What date is it today? Today is the twenty-seventh of March. Christmas Day is the 25th of December, New Year's Day is the 1st of January. One does not easily forget one's first love.

[보충 설명]

첫째, 둘째 등 순서를 세는 서수는 숫자에 "-a"를 덧붙여서 만듭니다. 즉 unua는 첫째, dua는 둘째, tria는 셋째, kvara는 넷째, 그리고 deka는 열 번째, centa는 백번째, mila는 천 번째와 같은 식입니다. 복합 숫자의 경우엔 가운데에 붙임표('-')를 두고, 끝에 마찬가지로 "-a"를 덧붙이면 됩니다. 그럼 dek-unua는 열한 번째, la tridek-naŭa paĝo는 39번째 페이지가 됩니다. 서수는 형용사가 되는 것이므로 복수형을 만드는 "-j"나 목적격인 "-n"를 붙일 수가 있습니다.

서수는 시간을 말할 때도 쓰입니다. 예를 들자면, 3시 15분은 "La tria horo kaj dek-kvin", 5시 10분 전은 "La kvara horo kaj kvindek"가 되겠습니다.

[우리말]

두 사람이 한 사람보다 더 많은 것을 할 수 있습니다. 나는 입이 하나뿐이지만, 두 귀가 있습니다. 그는 세 마리의 개와 함께 산책합니다. 그는 자신의 손 열 개의 손가락으로 모든 것을 했습니다. 그녀의 많은 아이들 중에서 일부는 착하고 다른 일부는 나쁩니다. 오 더하기 칠은 십이입니다. 십 더하기 십은 이십입니다. 사 더하기 십팔은 이십이입니다. 삼십 더하기 사십오는 칠십오입니다. 천팔백구십삼. 그는 열한 명의 자녀가 있습니다. 육십 분이 한 시간을 이루고, 일 분은 육십 초로 이루어져 있습니다.

1월은 한 해의 첫 번째 달이고, 4월은 네 번째 달이며, 11월은 열한 번째 달이고, 12월은 열두 번째 달입니다. 2월 20일은 한 해의 쉰한 번째 날입니다. 하느님은 한 주의 일곱 번째 날을 선택하여, 그것이 처음 여섯 날보다 더 거룩하게 하셨습니다. 하느님은 여섯 번째 날에 무엇을 창조하셨나요? 오늘 몇 월 며칠인가요? 오늘은 3월 27일입니다. 크리스마스는 12월 25일이고, 새해 첫날은 1월 1일입니다. 사람들은 자신의 첫사랑을 쉽게 잊지 못합니다.

[우리말]   7과

나는 나 자신을 사랑하고, 당신은 당신 자신을 사랑하며, 그는 그 자신을 사랑합니다. 모든 사람은 자기 자신을 아끼고 사랑합니다. 나는 그녀를 내 몸처럼 보살피지만, 그녀는 스스로를 전혀 돌보지 않고 자신을 지키려 하지 않습니다. 오늘 우리 형제들에게 손님이 찾아왔습니다. 저녁 식사 후, 형제들은 손님들과 함께 자신의 집을 나와 그들의 집까지 배웅했습니다. 나는 내 방에서 몸을 씻었고, 그녀는 자신의 방에서 몸을 씻었습니다. 아이는 자기 인형을 찾았고, 나는 그 인형이 어디에 있는지 아이에게 알려주었습니다. 그녀는 그에게 자신의 모험 이야기를 들려주었습니다. 그녀는 아버지의 궁전으로 돌아갔습니다. 그녀는 자신의 꽃들을 돌보지 않았습니다. 나의 형제는 스테파노에게 자신보다 그를 더 사랑한다고 말했습니다.

LESSON 9과

정해진 수량의 단위에 대한 명칭은 숫자에 "-o"를 붙여서 만듭니다. 예를 들어, 열두 개는 dekduo, 스무 개는 dudeko, 1백 개는 cento, 1천 개는 milo가 됩니다. 이런 명칭을 이용해 수량을 표시할 때에는 "da"와 같이 쓰입니다. 이를테면, dekduo da birdoj(열두 마리의 새)나 dek du birdo(새 열두 마리), dudeko da pomoj(스무 개의 사과), cento da ŝafoj(1백 마리의 양) 혹은 cent ŝafoj(양 1백 마리), milo da homoj(1천 명의 사람), miloj da homoj(수천 명의 사람)처럼 말입니다.

이런 표현들이 동사의 목적어가 될 때, 숫자 부분은 "-n"를 끝에 붙이지만 "da" 다음의 명사에는 붙이지 않습니다. 즉 "Li aĉetis dudekon da ŝafoj"(그는 스무 마리의 양을 샀습니다)를 보시면 "dudekon"에는 "-n"가 붙어 있지만 "da ŝafoj" 부분은 "-n"가 없다는 것을 알 수 있습니다.

그리고 unue(첫째로), kvine(다섯째로); deke(열번째로)와 같이 숫자가 부사로 쓰일 때 "-e"를 붙이는 것은 12과에서 자세히 보게 될 것입니다.

에스페란토	한국어	영어	에스페란토	한국어	영어
urbo	도시	town	loĝanto	주민	inhabitant
kulero	숟가락	spoon	forko	포크	fork
mono	돈	money	prunto	대출	loan
metro	미터	meter	ŝtofo	옷감, 재료	stuff
franko	프랑(화폐)	franc	atakanto	가해자	assailant
pago	결제, 지불	payment	miliono	백만	a million
prunti	대출하다	to lend	aĉeti	사다	to buy
danki	감사하다	to thank	peti	부탁하다	to beg, request
bezoni	필요하다	to want, need	kosti	(돈이) 들다	to cost
poste	뒤에	afterwards	tiu ĉi = ĉi tiu	이것	this
por	위하여	for	re- (접두사)	다시, 또	again, back
tial	그 때문에	therefore	aŭ	또는, 혹은	or
da	~의 (수량)	of			

[에스페란토 읽기 연습]

Mi havas cent pomojn. Mi havas centon da pomoj. Tiu ĉi urbo havas milionon da loĝantoj. Mi aĉetis dekduon da kuleroj, kaj du dekduojn da forkoj. Mil jaroj (= milo da jaroj) faras miljaron.

Unue mi redonas al vi la monon, kiun vi pruntis al mi; due mi dankas vin por la prunto; trie mi petas vin ankaŭ poste prunti al mi, kiam mi bezonos monon.

Tri estas duono de ses, ok estas kvar kvinonoj de dek. Kvar metroj da tiu ĉi ŝtofo kostas naŭ frankojn, tial du metroj kostas kvar kaj duonon frankojn (= da frankoj). Unu tago estas tricent-sesdek-kvinono, aŭ tricent-sesdek-sesono de jaro.

Kvinoble sep estas tridek kvin. Por ĉiu tago mi ricevas kvin frankojn, sed por la hodiaŭa tago mi ricevis duoblan pagon, t.e. (= tio estas) dek frankojn.

Tiuj ĉi du amikoj promenas ĉiam duope. Kvinope ili sin ĵetis sur min, sed mi venkis ĉiujn kvin atakantojn.

[영어 해석]

I have a hundred apples. I have a hundred apples. This town has a million of inhabitants. I bought a dozen spoons, and two dozen forks. One thousand years make a millennium.

Firstly, I return to you the money which you lent to me; secondly, I thank you for the loan; thirdly, I beg you also afterwards to lend to me when I require money.

Three is half of six, eight is four-fifths of ten. Four metres of this stuff cost nine francs, therefore two metres cost four and a-half francs. One day is a three hundred and sixty-fifth or a three hundred and sixty-sixth of a year.

Five times seven are thirty-five. For each day I receive five francs, but for today I have received double pay, that is, ten francs.

These two friends walk out always together. Five together they threw themselves upon me, but I overcame all five assailants.   우리말은 36p

[보충 설명]

일부를 지칭하거나 분수를 나타날 때에는 "-on-"을 해당하는 숫자에 덧붙입니다. 1/2은 unu duono, 1/3은 unu triono, 1/4은 unu kvarono, 1/10은 unu dekono, 1/1,000은 unu milono, 1/1,000,000은 unu milionono가 되는 식입니다. 이렇게 하면 명사가 되기 때문에 당연히 복수형이나 목적격이 될 때 "-j"와 "-n"가 붙게 됩니다. 즉 3/10은 tri dekonoj, 27/200은 dudek-sep ducentonoj, 19/1,000은 deknaŭ milonoj가 될 것입니다. 또 다른 예시로 "Mi manĝis tri kvaronojn de la kuko"(나는 케이크의 3/4를 먹었습니다)를 보시면 "tri kvaronojn"와 같이 복수에 목적격이 되어 "-jn"이 붙습니다.

배수를 나타낼 때에는 숫자에 "-obl-"를 덧붙입니다. 2배는 duobla, 10배는 dekoble, 3 x 4 = 12는 "trioble kvar estas dek du", 7 x 8 = 56은 "sepoble ok faras kvindek ses"라고 표현합니다. 둘씩, 10개씩 등과 같은 표현은 "-op-"를 붙여서 만듭니다. 예로, 둘씩 혹은 둘이서는 duope, 10개씩은 dekope, 50개씩이나 총 50개 또는 한 번에 50개씩을 나타날 때는 kvindekope라고 사용합니다.

LESSON 10과

동사 (-i형과 -u형)

앞서 이미 "-as", "-is", "-os"로 끝나는 동사가 현재, 과거, 미래의 행동이나 상태를 표현한다는 것을 보았습니다. Mi skribas(나는 쓴다), Li legis(그는 읽었다), Ni iros(우리는 갈 것이다)처럼 말입니다.

만약 어떤 특정 시점이나 상황과 무관하게 정해져 있지 않은 행동이나 상태를 표현해야 한다면 동사에 "-i"를 붙이면 됩니다. 즉 vivi라는 단어는 산다는 것(to live)을 지칭하고, Mi deziras lerni는 나는 배우기를 갈망한다는 뜻이며, Ni devas labori는 우리는 일(하기)을 해야 한다는 말이 됩니다. 이를 문법적 용어로 부정사라고 하는데, 특정 시점이나 상황에 의해 정해져 있지 않다는 뜻에서 그렇게 부릅니다.

명령 혹은 지시를 내리거나 의지, 희망, 목적을 표현하고자 할 때에는 동사의 끝에 "-u"를 붙입니다. "Donu al mi panon"(나에게 빵을 주시오), "Iru for"(저리 가세요), "Estu feliĉa"(행복하세요)처럼 말입니다.

그리고 뒤에 구체적인 내용을 담은 문장이 뒤따라올 경우에는 (영어의 that처럼) "ke"를 사용합니다.

Diru al li, ke li venu. : Tell him that he come. (그에게 오라고 하세요)

Mi deziras, ke vi kantu. : I wish that you sing. (당신이 노래하기를 바랍니다)

Permesu al ŝi, ke ŝi parolu. : Allow her that she speak. (그녀한테 말하게 해주세요)

그런데 마지막 예시의 경우 일부 생략해서 말하는 경우가 많은데, 그럴 때는 마지막 주어와 동사만 사용하기도 합니다. 예컨대, "Ŝi parolu"(그녀더러 말하라고 하세요), "Ĝi kuŝu"(그건 두세요), "Ni iru"(우리 갑시다), "Ili dormu"(걔들을 재우세요)처럼 말입니다.

Ĉu vi volas, ke mi tion faru? → Ĉu mi tion faru?"
: Do you wish me to do that? → Shall I do that? (내가 그것을 할까요?)

에스페란토	한국어	영어	에스페란토	한국어	영어
esti	~이다, 있다	to be	tuŝi	만지다	to touch
aŭskulti	듣다	to listen	pardoni	용서하다	to pardon
uzi	사용하다	to use	ordoni	명령하다	to order
babili	떠들다	to chatter	sendi	보내다	to send
trinki	마시다	to drink	voli	원하다	to will, wish
bati	때리다	to beat	kuraĝi	용기내다	to have courage
rajdi	타다	to ride	lasi	두다, 남기다	to let, leave
kuri	달리다	to run	paroli	말하다	to speak
vivi	살다	to live	resti	남다	to rest, remain
nomo	이름	name	vesto	옷	coat, clothing
kandelo	양초	candle	dometo	작은집	cottage

에스페란토	한국어	영어	에스페란토	한국어	영어
akvo	물	water	spegulo	거울	looking-glass
honesta	정직한	honest	inda	가치 있는	worthy
atenta	주의깊은	attentive	kara	친애하는	dear
gaja	쾌활한, 명랑한	gay, cheerful	tia	그런	such
longa	긴	long	sincera	진실한, 솔직한	sincere
for	멀리	away, forth	forte	강하게	strongly
sole	외로이, 홀로	alone			

[에스페란토 읽기 연습]

Donu al la birdoj akvon, ĉar ili volas trinki. Aleksandro ne volas lerni, kaj tial mi batas Aleksandron. Kiu kuraĝas rajdi sur leono? Mi volis lin bati, sed li forkuris de mi. Al leono ne donu la manon. Rakontu al mia juna amiko belan historion. Diru al la patro, ke mi estas diligenta. Diru al mi vian nomon. Ne skribu al mi tiajn longajn leterojn. Montru al mi vian novan veston. Infano, ne tuŝu la spegulon. Karaj infanoj, estu ĉiam honestaj. Ne aŭskultu lin.

Li diras, ke mi estas atenta. Li petas, ke mi estu atenta. Ordonu al li, ke li ne babilu. Petu lin, ke li sendu al mi kandelon. La dometo estas inda, ke vi ĝin aĉetu. Ŝi forte deziris, ke li restu viva.

Li venu, kaj mi pardonos al li. Ni estu gajaj, ni uzu bone la vivon, ĉar la vivo ne estas longa. Li ne venu sole, sed alvenu kun sia plej bona amiko. Mi jam havas mian ĉapelon; nun serĉu vi vian.

[영어 해석]

Give the birds water, for they want to drink. Alexander will not learn, and therefore I beat Alexander. Who dares to ride on a lion? I was going to beat him, but he ran away from me. Do not give your hand to a lion. Tell my young friend a beautiful story. Tell father that I am diligent. Tell me your name. Do not write to me such long letters. Show me your new coat. Child, do not touch the looking-glass. Dear children, always be honest. Do not listen to him.

He says that I am attentive. He begs me to be attentive. Tell him not to chatter. Ask him to send me a candle. The cottage is worth your buying. She strongly desired that he should remain alive.

Let him come, and I will forgive him. Let us be gay, let us use life well, for life is not long. Let him not come alone, but come with his best friend. I already have my hat; now look for yours.

우리말은 52p

LESSON 11과

동사 (-us형)

간혹 일어나지 않음직한 어떤 일이 일어났다면 하고 가정하거나, 일어나지 않았던 일을 일어났었다면 어땠을지를 표현하고자 할 때가 있습니다. 이런 경우 동사를 "-us"로 끝내면 됩니다.

  Se mi estus sana, mi estus feliĉa.
: If I were well, I should be happy. (만일 건강했더라면 난 행복했을 텐데)

  Se li scius, ke mi estas tie ĉi, li tuj venus al mi.
: If he knew that I am here, he would immediately come to me.
  (내가 여기 있는 줄 알았더라면, 그는 곧바로 나에게 왔을 텐데)

  그럼 다음 두 문장의 차이를 한번 비교해봅시다.
  Kvankam vi estas riĉa, mi dubas, ĉu vi estas feliĉa.
: Though you are rich, I doubt whether you are happy.
  (당신은 부자이지만(실제), 나는 당신이 행복한지 의심스럽습니다)

  Kvankam vi estus riĉa, mi dubas, ĉu vi estus feliĉa.
: Though you were rich, I doubt whether you would be happy.
  (당신이 부자였더라도(가정), 나는 당신이 행복했을지 의심스럽습니다)

에스페란토	한국어	영어	에스페란토	한국어	영어
scii	알다	to know	puni	벌하다, 혼내다	to punish
estimi	존중하다	to esteem	levi	들어올리다	to lift, raise
teni	붙잡다	to hold, keep	peni	노력하다	to endeavour
imiti	모방하다	to imitate			
lernanto	학생	pupil	leciono	수업	lesson
instruanto	선생님	teacher	kvazaŭ	마치	as if
io	무언가	something	efektive	실제로	really
supren	위로	upwards	kvankam	비록	though
se	만약	if			

[에스페란토 읽기 연습]

Se la lernanto scius bone sian lecionon, la instruanto lin ne punus. Se vi scius, kiu li estas, vi lin pli estimus. Ili levis unu manon supren, kvazaŭ ili ion tenus. Se mi efektive estus bela, aliaj penus min imiti. Ho! se mi jam havus la aĝon de dekkvin jaroj!

[영어 해석]

If the pupil knew his lesson well, the teacher would not punish him. If you knew who he is, you would esteem him more. They raised one hand upwards as if they were holding something. If I really were beautiful, others would try to imitate me. Oh! if I were already the age of fifteen years!

[우리말]

만약 학생이 자신의 교훈을 잘 알았다면, 선생님은 그를 벌하지 않았을 것입니다. 만약 당신이 그가 누구인지 안다면, 당신은 그를 더 존경할 것입니다. 그들은 마치 무엇인가를 잡고 있는 것처럼 한 손을 위로 들었습니다. 만약 내가 정말로 아름다웠다면, 다른 사람들은 나를 흉내내려고 노력했을 것입니다. 오! 내가 벌써 열다섯 살이 되었다면!

[우리말] 9과

나는 사과 백 개를 가지고 있습니다. 나는 백 개의 사과 묶음을 가지고 있습니다. 이 도시는 백만 명의 주민을 가지고 있습니다. 나는 열두 개의 숟가락과 스물네 개의 포크를 샀습니다. 천 년(= 천 년 묶음)은 천 년 단위를 이룹니다.

첫째로, 나는 당신이 나에게 빌려준 돈을 돌려줍니다. 둘째로, 나는 대출에 대해 당신에게 감사합니다. 셋째로, 나는 나중에 돈이 필요할 때도 당신이 계속 나에게 빌려주기를 요청합니다.

삼은 육의 절반이고, 팔은 십의 오분의 사입니다. 이 천 사 미터는 구 프랑이 들고, 따라서 이 미터는 사 프랑 반이 듭니다. 하루는 삼백육십오분의 일, 또는 삼백육십육분의 일 년입니다.

오 곱하기 칠은 삼십오입니다. 매일 나는 오 프랑을 받지만, 오늘은 두 배의 급여, 즉 십 프랑을 받았습니다.

이 두 친구는 항상 두 명씩 함께 산책합니다. 그들은 다섯 명씩 나에게 덤벼들었지만, 나는 다섯 명의 공격자 모두를 이겼습니다.

LESSON 12과

누군가 어떤 행동을 한다고 했을 때 시간, 장소, 방식 등 그것이 언제, 어디서, 어떻게 되고 있는지 그 행동에 대한 상황까지도 함께 언급하고자 할 때가 있습니다.

Hieraŭ mi renkontis vian filon. : Yesterday I met your son. (어제 나는 당신의 아들을 만났다)

Li iros vespere. : He will go in the evening. (그는 저녁 때 갈 것이다)

Ili sidis tie. : They sat there. (그들은 거기에 앉아 있었다)

Ŝi restos hejme. : She will remain at home. (그녀는 집에 남아 있을 것이다)

Bonaj infanoj lernas diligente. : Good children learn diligently. (착한 아이들은 부지런히 공부한다)

Mi faros ĝin plezure. : I will do it with pleasure.
 (나는 기쁘게 그것을 할 것이다)

이 문장들에서처럼 hieraŭ, vespere는 시간을, tie, hejme는 장소를, 그리고 diligente, plezure는 방식을 말하는 것입니다. 이러한 단어들은 동사와 직접 관련되어서 문법적 표현으로 '부사'라고 부릅니다.

부사는 의미만 통한다면 어떤 단어에서든 파생하여 만들 수 있는데, 대개는 형용사에 "-e"를 붙여서 만듭니다. 즉, bona는 bone(좋게)로, antaŭ는 antaŭe(앞에)로, mateno는 matene(아침에)로, sekvi는 sekve(따라서)가 되는 것입니다.

부사를 활용해서 어떤 장소나 시간에 대한 방향을 보여주도록 하고자 한다면 단순히 "-n"를 덧붙이면 됩니다. 예를 들자면,

Li alkuris hejmen. : He ran home. (그는 집으로 달려갔다)

Ili levis unu manon supren. : They raised one hand upwards. (그들은 한 손을 위로 들어올렸다)

Antaŭen! (앞으로!)

이러한 "-n"는 명사에도 결합하여 방향을 가리킬 때 사용할 수 있습니다.

Li eniris en la domon. : He entered into the house. (그는 집으로 들어갔다)

일부 부사는 형용사 또는 다른 부사와 함께 사용되어 정도를 보여주기도 합니다.

La papero estas tre blanka. : The paper is very white. (종이가 아주 하얗다)

La tro multa parolado lacigas lin. : Too much speaking tires him.
 (너무 많은 말이 지치게 한다)

Mi estas tiel forta, kiel vi (estas forta). : I am as strong as you.
 (나는 그만큼 강하다)

Li venis tre frue. : He came very early. (그는 아주 일찍 왔다)

아래의 단어들은 그 자체로 부사이기 때문에 "-e"를 붙인다든지 하는 형태 변화를 하지 않습니다.

에스페란토	한국어	영어	에스페란토	한국어	영어
hodiaŭ	오늘	today	hieraŭ	어제	yesterday
morgaŭ	내일	tomorrow	baldaŭ	곧, 금방	soon
ankoraŭ	아직, 여전히	yet	jam	벌써, 이미	already
ĵus	막, 방금	just (time)	nun	지금	now
tuj	즉시	immediately	denove	다시	again, anew
ĉi	이것, 이곳…	this	jen	자~	here, there
for	멀리	away, forth	pli	더	more
plej	가장	most	plu	더욱	further
tre	아주, 매우	very	tro	너무	too
tute	완전히	quite	nur	오직, 단지	only
nepre	꼭, 반드시	surely	preskaŭ	거의	nearly
apenaŭ	겨우	scarcely	almenaŭ	적어도, 최소한	at least
ambaŭ	둘 다	both	ankaŭ	또한	also
ne	아니오	not	jes	네	yes
ja	실로	indeed	eĉ	~조차, 심지어	even
ĉu	(질문을 만듦)	whether	ju … des	할수록 더	the more …the more

비교문은 다음과 같이 만들 수 있습니다. (괄호 속의 영어 표현을 참고하시기 바랍니다.)

pli…ol (more than)

Lakto estas pli nutra ol vino.

: Milk is more nutritious than wine. (우유는 와인보다 영양가가 풍부하다)

malpli…ol (less than)

Vino estas malpli nutra ol lakto.

: Wine is less nutritious than milk. (와인은 우유보다 영양가가 부족하다)

la plej (the most)

El ĉiuj liaj amikoj Johano estas la plej saĝa.

: Of all his friends John is the wisest, and George the most wise. (Johano가 가장 똑똑하다)

la malplej (the least)

El ĉiuj liaj amikoj Georgo la malplej saĝa.

: Of all his friends John is the wisest, and George the least wise. (Georgo가 가장 안 똑똑하다)

Ju pli...des pli (the more...the more)
　Ju pli li lernas, des pli li deziras lerni.
: The more he learns, the more he wishes to learn. (그는 배우면 배울수록 더 많이 배우고자 한다)

Ju malpli...des malpli (the less...the less)
　Ju malpli li laboras, des malpli li ricevas.
: The less he works, the less he gets. (그는 일을 덜 할수록 덜 받게 된다)

Ju pli...des malpli (the more...the less)
　Ju pli li fariĝas granda, des malpli li estas forta.
: The taller he becomes, the less strong he is. (그는 커갈수록 덜 강해진다)

Ju malpli...des pli (the less...the more)
　Ju malpli li pensas, des pli li parolas.
: The less he thinks, the more he talks. (그는 생각을 덜 할수록 말을 더 많이 한다)

끝으로, 영어의 as...as, so...as와 같은 동급 비교에 대해서는 20과에 배우겠습니다.

에스페란토	한국어	영어	에스페란토	한국어	영어
pordo	문	door	kontrakto	계약	contract
pastro	목사, 성직자	pastor, priest	fero	쇠, 철	iron
bastono	막대기	stick (rod)	stacio	역(驛), 정거장	station
stacidomo	역사(驛舍)	station	hejmo	가정, (우리)집	home
furio	격노, 격분	fury	ŝipano	선원	sailor
kolero	화, 분노	anger	honesto	정직, 성실	honesty
danĝero	위험	danger	koro	심장, 마음	heart
oficisto	직원, 관리	an official	reĝo	왕	king
balo	무도회	ball, dance	humoro	기분	humour
tempo	시간	time	sinjorino	숙녀, 부인	lady, Mrs.
fermi	닫다	to shut	savi	구하다, 살리다	to save
daŭri	계속되다	to last, continue	tranĉi	자르다	to cut
ekrigardi	흘끗/언뜻보다	to glance	flui	흐르다	to flow
agi	행동하다	to act	loĝi	살다/거주하다	to live, lodge
bruli	불타다	to burn	veturi	타고 가다	to ride

에스페란토	한국어	영어	에스페란토	한국어	영어
aperi	나타나다	to appear	postuli	요구/필요하다	to require, demand
pendigi	걸다	to hang	morti	죽다	to die
malsana	병난	ill	varma	더운, 따뜻한	warm
varmega	뜨거운	hot	frua	이른	early
plue	더욱이	further	returne	돌아서	back
ĉar	때문에	because			

[에스페란토 읽기 연습]

Resti kun leono estas danĝere. La tranĉilo tranĉas bone, ĉar ĝi estas akra. Iru pli rapide. Li fermis kolere la pordon. Lia parolo fluas dolĉe kaj agrable. Ni faris la kontrakton ne skribe, sed parole. Honesta homo agas honeste. La pastro, kiu mortis antaŭ nelonge (= ne longa tempo), loĝis longe en nia urbo. Ĉu vi ĝin ne ricevis returne? Li estas morte malsana. La fera bastono, kiu kuŝis en la forno, estas brule varmega. Parizo estas tre gaja. Matene frue ŝi alveturis al la stacidomo. Pardonu al mi, ke mi restis tiel longe. Lia kolero longe daŭris. Li estas hodiaŭ en kolera humoro. La reĝo baldaŭ denove sendis alian bonkoran oficiston. Hodiaŭ vespere ni havos balon. Kie vi estas? For de tie-ĉi! Kien li forveturis? Ŝi kuris hejmen. Ni iris antaŭen, kiel furioj. Ĉio estis bona, kaj ni veturis pluen. La sinjorino ekrigardis returnen. La ŝipanoj postulis, ke oni iru returnen. Mi ĝin pendigis tien ĉi, ĉar ĝi savis mian vivon. Mi neniam sendis tien ĉi.

[영어 해석]

To remain with a lion is dangerous. The knife cuts well, for it is sharp. Go more quickly. He shut the door angrily. His speech flows softly and pleasantly. We made the contract not in writing, but by word of mouth. An honest man acts honestly. The pastor who died a short time ago lived long in our city. Did you not get it back? He is sick unto death. The iron rod which was in the stove is burning; hot. Paris is very gay. Early in the morning she drove to the station. Forgive me that I stayed so long. His anger lasted long. He is today in an angry temper. The king soon sent again another good-hearted official. This evening we shall have a ball. Where are you? Get away!

Where did he drive away to? She ran home. We went forward like furies. Everything was good, and we went on further. The lady glanced back. The sailors demanded to go back. I hung it here, for it saved my life. I never sent here.

우리말은 54p

LESSON 13과

접두사 mal-, 접미사 -in-

에스페란토에서는 특정한 의미를 가진 음절이 단어의 앞이나 뒤에 붙으면 원래의 의미를 다르게 변화시킬 수가 있습니다.

접두사 "mal-"은 원 단어의 뜻을 정반대로 뒤집는 역할을 합니다.

예를 들자면, dekstra가 "오른쪽"이면 maldekstra는 "왼쪽"이 되고, nova가 "새로운"이라면 malnova는 "오래된"이 됩니다. 동사도 마찬가지인데, helpi는 "돕다"는 뜻인데 malhelpi는 "방해한다"는 뜻이 되며, fermi는 "닫는다"인데 malfermi는 "연다"가 됩니다.

접미사 "-in-"은 여성성을 뜻합니다.

남자라는 뜻의 viro가 있다면 virino는 여자라는 뜻이 됩니다. 아들은 filo인데 딸은 filino가 됩니다. 동물도 마찬가지입니다. 숫말은 ĉevalo, 암말은 ĉevalino, 수탉은 koko, 암탉은 kokino와 같은 식입니다.

여담입니다만, 영어에서는 man이 사람과 남자의 두 가지 뜻이 있어서 읽다보면 모호한 경우가 종종 있는데, 에스페란토에서는 전자는 homo, 후자는 viro로 명확히 구분됩니다.

에스페란토	한국어	영어	에스페란토	한국어	영어
kresko	성장	growth	haro	털(한 올)	hair
haroj	머리카락(전체)	hair	nazo	코	nose
vojo	길	road	viro	남자	man
edzo	남편	husband	nepo	손자	grandson
nevo	조카	nephew	bovo	소(牛)	ox
vidvo	홀아비	widower	fianĉo	약혼자	fiancé
nenio	아무것도 아님	nothing	turmenti	괴롭히다	to torment
senti	느끼다	to feel	beni	축복하다	to bless
estimi	존경하다	to esteem	fermi	닫다	to shut
helpi	돕다	to help	fariĝi	되다	to become
dekstra	오른쪽의	right	meza	가운데의	middle
dika	두꺼운, 굵은	thick, stout	mola	부드러운	soft
luma	밝은, 환한	light, luminous	nobla	고귀한, 귀족의	noble
rekta	똑바른, 곧은	straight	kurba	굽은	curved
feliĉa	행복한	happy	naskita	태어난	born
fermita	닫힌	shut	eĉ	~조차, 심지어	even
longe	오랫동안	for a long time	denove	다시	anew, again

[에스페란토 읽기 연습]

Mia frato ne estas granda, sed li ne estas malgranda, li estas de meza kresko. Haro estas tre maldika. La nokto estas tiel malluma, ke ni nenion povas vidi eĉ antaŭ nia nazo. Tiu ĉi malfreŝa pano estas malmola, kiel ŝtono. Malbonaj infanoj amas turmenti bestojn. Li sentis sin tiel malfeliĉa, ke li malbenis la tagon, en kiu li estis naskita. Ni forte malestimas tiun ĉi malnoblan homon. La fenestro longe estis nefermita; mi ĝin fermis, sed mia frato tuj ĝin denove malfermis. Rekta vojo estas pli mallonga, ol kurba. Ne estu maldanka.

La edzino de mia patro estas mia patrino, kaj la avino de miaj infanoj. Mia fratino estas tre bela knabino. Mia onklino estas tre bona virino. Mi vidis vian avinon kun ŝiaj kvar nepinoj, kaj kun mia nevino. Mi havas bovon kaj bovinon. La juna vidvino fariĝis denove fianĉino.

[영어 해석]

My brother is not big, but he is not little, he is of medium growth. A hair is very thin. The night is so dark that we can see nothing even before our nose. This stale bread is hard as stone. Naughty children love to torment animals. He felt so miserable that he cursed the day on which he was born. We greatly despise this base man. The window was long unclosed; I closed it, but my brother immediately opened it again. A straight road is shorter than a curved. Do not be ungrateful.

The wife of my father is my mother, and the grandmother of my children. My sister is a very beautiful girl. My aunt is a very good woman. I saw your grandmother with her four granddaughters, and with my niece. I have an ox and a cow. The young widow became again a fiancée.

[우리말]

저의 형제는 크지 않지만 작지도 않습니다. 중간 키입니다. 머리카락은 매우 얇습니다. 밤은 너무 어두워서 코앞도 보이지 않습니다. 이 신선하지 않은 빵은 돌처럼 단단합니다. 나쁜 아이들은 동물을 괴롭히는 것을 좋아합니다. 그는 자신이 너무 불행하다고 느껴 태어난 날을 저주했습니다. 우리는 이 비열한 사람을 강하게 경멸합니다. 창문이 오랫동안 열려 있었습니다. 제가 창문을 닫았지만, 제 형제가 즉시 다시 열었습니다. 직선이 구부러진 길보다 짧습니다. 배은망덕하지 마십시오.

저의 아버지의 아내는 저의 어머니이자 제 아이들의 할머니입니다. 저의 여동생은 매우 아름다운 소녀입니다. 저의 이모는 매우 좋은 여성입니다. 저는 당신의 할머니가 그녀의 네 명의 손녀딸, 그리고 저의 조카딸과 함께 있는 것을 보았습니다. 저는 황소와 암소를 가지고 있습니다. 젊은 미망인은 다시 약혼녀가 되었습니다.

LESSON 14과

접두사 re-, ek-, 접미사 -ad-
접두사 "re-"와 "ek-", 그리고 접미사 "-ad-"는 동사에 붙는 것들입니다.
"re-"는 "뒤로", "다시" 등의 의미를 지닙니다. (back, again)
repagi(갚다), reporti(돌려주다), rejeti(거부하다), resalti(반발하다), rekanti(또 노래하다), relegi(또 읽다)

"ek-"는 어떤 행위의 시작 혹은 갑작스런 행동을 의미합니다.
아래의 "-ad-"와 뉘앙스가 반대됩니다.
kanti(노래하다) → ekkanti(노래하기 시작하다), ridi(웃다) → ekridi(웃음을 터트리다), krii(외치다) → ekkrii(절규하다), iri(가다) → ekiri(출발하다), dormi(자다) → ekdormi(잠들다)

"-ad-"는 행위의 지속 또는 반복을 나타냅니다.
계속하고 있거나 그런 습성이 있거나 등 말입니다.
spiri(숨쉬다) → spirado(호흡), movi(움직이다) → movado(활동/운동), fumi(담배피우다) → fumado(흡연), aŭdi(듣다) → aŭdado(청각)

에스페란토	한국어	영어	에스페란토	한국어	영어
rivero	강	river	lando	땅, 나라	land
seĝo	의자	seat	daŭro	지속	duration
okupo	직업	occupation	pluvo	비	rain
vagonaro	기차	train	surprizo	놀라움	surprise
diamanto	다이아몬드	diamond	fulmo	번개, 벼락	lightning
lumo	빛	a light	pafi	쏘다	to shoot
ĵeti	던지다	to throw	aŭdi	듣다	to hear
fali	떨어(넘어)지다	to fall	atendi	기대/기다리다	to wait, expect
lacigi	피곤하게 하다	to make tired	froti	문지르다	to rub
rigardi	바라보다	to look	elrigardi	내다보다	to look out of
salti	뛰다	to jump	rapida	빠르게	quick
klara	깨끗한, 분명한	clear	lerte	능숙하게	cleverly
energie	정력적으로	energetically	kelke	몇몇	some
ĉiuminute	매순간	every minute	tra	통하여, 지나서	through

[에스페란토 읽기 연습] Li donis al mi monon, sed mi ĝin tuj redonis al li. Mi foriras, sed atendu min, ĉar mi baldaŭ revenos. La suno rebrilas en la klara akvo de la rivero. Li reiris al sia lando. Ŝi reĵetis sin sur la seĝon. En la daŭro de kelke da minutoj mi aŭdis du pafojn. La pafado daŭris tre longe. Lia hieraŭa parolo estis tre bela, sed la tro multa parolado lacigas lin. Li kantas tre belan kanton. La kantado estas agrabla okupo. Per mia mano mi energie lin frotadis. La pluvo faladis per riveroj. Ĉiuminute ŝi elrigardadis tra la fenestro, kaj malbenadis la malrapidan iradon de la vagonaro.

Mi saltas tre lerte. Mi eksaltis de surprizo. Mi saltadis la tutan tagon de loko al loko. Kiam vi ekparolis, mi atendis aŭdi ion novan. La diamanto havas belan brilon. Ŝi lasis la diamanton ekbrili. Du ekbriloj do fulmo trakuris tra la malluma ĉielo.

[영어 해석] He gave me money, but I immediately returned it to him. I am going away, but wait for me, for I shall soon return. The sun is reflected in the clear water of the river. He returned to his country. She threw herself again upon the seat. In the course of a few minutes I heard two shots. The firing continued for a very long time. His speech of yesterday was very fine, but too much speaking tires him. He is singing a very beautiful song. Singing is an agreeable occupation. With my hand I kept on briskly rubbing him. The rain kept on falling in rivers. Every minute she kept looking out through the window and cursing the slow motion of the train.

I leap very cleverly. I started with surprise. I used to jump all day long from place to place. When you began to speak I expected to hear something new. The diamond has a beautiful sparkle. She let the diamond flash. Two flashes of lightning passed across the dark sky.

[우리말] 그는 제게 돈을 주었지만, 저는 즉시 그에게 돌려주었습니다. 저는 떠나지만, 곧 돌아올 테니 저를 기다려 주세요. 해가 맑은 강물에 다시 빛납니다. 그는 자신의 나라로 돌아갔습니다. 그녀는 의자에 다시 몸을 던졌습니다.

몇 분 동안 저는 두 발의 총성을 들었습니다. 총격전은 매우 오랫동안 계속되었습니다. 그의 어제 연설은 매우 아름다웠지만, 너무 많은 연설은 그를 지치게 합니다. 그는 매우 아름다운 노래를 부릅니다. 노래는 즐거운 취미입니다. 저는 제 손으로 그를 힘껏 문질러 주었습니다. 비가 강물처럼 쏟아졌습니다. 그녀는 매분 창밖을 내다보며 기차의 느린 진행을 저주했습니다.

저는 아주 능숙하게 점프합니다. 저는 놀라서 벌떡 일어났습니다. 저는 하루 종일 이곳저곳으로 뛰어다녔습니다. 당신이 말을 시작했을 때, 저는 뭔가 새로운 것을 들을 줄 알았습니다. 다이아몬드는 아름다운 광채를 가지고 있습니다. 그녀는 다이아몬드를 반짝이게 했습니다. 두 번의 번개 섬광이 어두운 하늘을 가로질러 번뜩였습니다.

LESSON 15과

동사 (계속)

지금까지의 예문들은 모두 문장의 주어가 곧 행위자였습니다만, 행위의 대상 곧 말하고자 하는 대상이 오히려 전달하는 내용의 핵심이 될 때가 왕왕 있습니다. 이럴 때는 대상이 주어가 되고, 그에 따라 동사의 형태도 바뀌게 됩니다.

예컨대, "경찰이 도둑을 쫓고 있다"가 "도둑은 경찰에 의해 쫓기고 있다"로, "누군가 창문을 깨뜨렸다"가 "창문이 깨졌다"로, "내일 그 일을 끝마칠 것이다"가 "그 일은 내일 끝날 것이다"라고 말하듯이 말입니다. (사실 행위자를 모르거나 굳이 언급할 필요가 없을 때는 이런 방식이 편리합니다.)

에스페란토에서는 이런 경우, 아직 완료가 안되었거나 현재 상태일 때는 "-ata"를, 이미 완료가 된 상태이거나 과거의 상황이라면 "-ita"를, 아직 시작되지 않았거나 혹은 곧 있을 미래의 일을 가리킨다면 "-ota"를 동사의 어근에 접미사로 붙여서 만들 수 있습니다. 참고로, 이때에 행위의 주체를 지칭할 때에는 (영어의 by처럼) 뒤에 "de"를 붙여서 표현하면 됩니다.

ami(사랑하다) → amata(사랑받는), amita(사랑받았던), amota(사랑받을)

　　La ŝtelisto estas serĉata de la policanoj.
: The thief is being searched for by the police. (도둑이 경찰에게 수색당하고 있다)
　　La fenestro estas rompita.
: The window has been broken. (창문이 깨졌다)
　　La laboro estas finota morgaŭ.
: The work is going to be finished tomorrow. (그 일은 내일 끝마쳐질 것이다)

"-ata", "-ita", "-ota"로 끝나는 이 표현들은 주어를 설명해주거나 주어가 처한 조건 혹은 상황을 보여주는 것이므로 형용사가 됩니다. 이를 문법적 용어로 '분사'라고 부르며, 대응하는 명사가 복수형일 경우 마찬가지로 "-j"가 붙게 됩니다.

　　Mi estas tenata.　　　　I am held. (붙잡혀 있다)
　　Li estis tenata.　　　　He was held. (붙잡혀 있었다)
　　Ni estos tenataj.　　　　We shall be held. (붙잡혀 있을 것이다)

　　Vi estus tenataj.　　　　You would be held. (붙잡힐 텐데)
　　Ili estu tenataj.　　　　They may be held. (붙잡혀야 한다)

Estu tenata.	Be held. (붙잡혀라)
Esti tenata.	To be held. (붙잡힘)

Mi estas vidita.	I have been seen. (목격되었다)
Li estis vidita.	H he had been seen. (목격되었었다)
Ni estos viditaj.	We shall have been seen. (목격되었을 것이다)

Vi estus viditaj.	You would have been seen. (목격되었을 텐데)
Ili estu viditaj.	They may have been seen. (목격되었어야 한다)
Esti vidita.	To have been seen. (목격되었음)

Mi estas laŭdota.	I am about to be praised. (칭찬받고 있을 것이다)
Ŝi estis laŭdota.	She was about to be praised. (칭찬받았을 것이다)
Ni estos laŭdotaj.	We shall be about to be praised. (칭찬받게 될 것이다)

Vi estus laŭdotaj.	You would be about to be praised. (칭찬받게 될 텐데)
Ili estu laŭdotaj.	They should be about to be praised. (칭찬받게 되어야 한다)
Esti laŭdota.	To be about to be praised. (칭찬받을 것)

에스페란토	한국어	영어	에스페란토	한국어	영어
komercaĵo	상품	commodity	surtuto	긴 외투	overcoat
ŝuldo	빚(부채)	debt	ringo	반지	ring
projekto	프로젝트	project	inĝeniero	(토목)기술자	civil engineer
fervojo	철길/철로	railroad	preĝo	기도	prayer
pasero	참새	sparrow	aglo	독수리	eagle
inviti	초대하다	to invite	konstrui	짓다, 건축하다	to construct
sciigi	알리다	to inform	kaŝi	숨기다	to hide
pensi	생각하다	to think	kapti	붙잡다	to capture
trankvila	조용한, 평온한	quiet	tuta	모든	all, whole
grava	중요한	important	ora	황금의	golden
volonte	기꺼이	willingly	sekve	따라서(결과)	consequently
laŭ	~에 따라	according to			

[에스페란토 읽기 연습] Mi estas amata. Mi estis amata. Mi estos amata. Mi estus amata. Estu amata. Esti amata. Vi estas lavita. Vi estis lavita. Vi estos lavita. Vi estus lavita. Estu lavita. Esti lavita. Li estas invitota. Li estis invitota. Li estos invitota. Li estus invitota. Estu invitota. Esti invitota. Tiu ĉi komercaĵo estas ĉiam volonte aĉetata de mi. La surtuto estas aĉetita de mi; sekve ĝi apartenas al mi. Kiam via domo estis konstruata, mia domo estis jam longe konstruita. Mi sciigas, ke de nun la ŝuldoj de mia filo ne estos pagataj de mi. Estu trankvila, mia tuta ŝuldo estos pagita al vi baldaŭ. Mia ora ringo ne estus tiel longe serĉata, se ĝi ne estus tiel lerte kaŝita de vi. Laŭ la projekto de la inĝenieroj tiu ĉi fervojo estas konstruota en la daŭro de du jaroj; sed mi pensas, ke ĝi estos konstruata pli ol tri jarojn. Kiam la preĝo estis finita, li sin levis. Aŭgusto estas mia plej amata filo. Mono havata estas pli grava ol havita. Pasero kaptita estas pli bona, ol aglo kaptota.

[영어 해석] I am loved. I was loved. I shall be loved. I should be loved, Be loved. To be loved. You have been washed. You had been washed. You will have been washed. You would have been washed. Be washed. To have been washed. He is to be invited. He was going to be invited. He will be invited. He would be invited. Be about to be invited. To be about to be invited. This commodity is always willingly bought by me. The overcoat was bought by me; consequently it belongs to me. When your house was being built, my house had already been built a long time. I give notice that from now my son's debts will not be paid by me. Be easy; my whole debt will soon have been paid to you. My gold ring would not be so long sought for if it had not been so cleverly hidden by you. According to the plan of the engineers this railway is going to be constructed in the space of two years; but I think that it will be being constructed more than three years. When the prayer was finished he rose. Augustus is my best loved son. Money in hand is more important than had. A sparrow which has been caught is better than an eagle which is going to be caught.

[우리말] 저는 사랑받습니다. 저는 사랑받았습니다. 저는 사랑받을 것입니다. 저는 사랑받을 텐데요. 사랑받으세요. 사랑받는 것. 당신은 씻겨져 있습니다. 당신은 씻겨져 있었습니다. 당신은 씻겨져 있을 것입니다. 당신은 씻겨져 있을 텐데요. 씻겨지세요. 씻겨지는 것. 그는 초대될 예정입니다. 그는 초대될 예정이었습니다. 그는 초대될 예정일 것입니다. 그는 초대될 예정일 텐데요. 초대되세요. 초대될 예정인 것. 이 상품은 제가 항상 기꺼이 구매하는 것입니다. 그 외투는 제가 구매했습니다. 그러므로 그것은 제 소유입니다. 당신의 집이 건설 중일 때, 제 집은 이미 오래전에 건설되어 있었습니다. 저는 이제부터 제 아들의 빚은 제가 갚지 않을 것임을 알려드립니다. 안심하십시오, 제 모든 빚은 곧 당신에게 갚아질 것입니다. 제 금반지는 당신이 그렇게 교묘하게 숨기지 않았다면 그렇게 오랫동안 찾아 헤매지 않았을 것입니다. 기술자들의 계획에 따르면 이 철도는 2년 안에 건설될 예정입니다. 하지만 제 생각에는 3년 이상 건설될 것입니다. 기도가 끝났을 때, 그는 일어섰습니다. 아우구스투스는 제가 가장 사랑하는 아들입니다. 현재 가지고 있는 돈이 가졌던 돈보다 더 중요합니다. 잡힌 참새 한 마리가 잡을 독수리보다 낫습니다.

LESSON 16과

분사의 또 다른 형태로는 행위자의 조건 혹은 상태를 기술하거나 보여주기 위한 것이 있습니다. "-anta"는 미완료 또는 현재 상황을 나타내고, "-inta"는 완료 아니면 과거를 표현하며, "-onta"는 행위가 아직 시작되지 않았거나 미래 시점을 의미합니다.

Sur la arbo staras kantanta birdo.
: On the tree is a singing bird. (나무 위에 노래하는 새가 있다)

En la venonta somero mi vizitos vin.
: In the coming summer I shall visit you. (다음 여름에는 내가 방문하겠다)

La pasinta nokto estis tre pluva.
: The past night was very rainy. (지난밤에 비가 많이 내렸다)

Mi estas manĝanta.	I am eating. (먹고 있다)	
Li estis manĝanta.	He was eating. (먹고 있었다)	
Ni estos manĝantaj.	We shall be eating. (먹고 있을 것이다)	
Vi estus manĝantaj.	You would be eating. (먹고 있을 텐데)	
Ili estu manĝantaj.	They may be eating. (먹고 있게 하라)	
Estu manĝanta.	Be eating. (먹고 있어라)	
Esti manĝanta.	To be eating. (먹고 있음)	
Mi estas teninta.	I have held. (쥐고 있었다)	
Li estis teninta.	He had held. (쥐고 있었었다)	
Ni estos tenintaj.	We shall have held. (쥐고 있을 것이다)	
Vi estus tenintaj.	You would have held. (쥐고 있었을 텐데)	
Ili estu tenintaj.	They may have held. (쥐고 있었도록 하라)	
Esti teninta.	To have held. (쥐고 있었음)	
Mi estas dironta.	I am going to say. (말하려 하고 있다)	
Li estis dironta.	He was going to say. (말하려 하였다)	
Ni estos dirontaj.	We shall be going to say. (말하려 할 것이다)	
Vi estus dirontaj.	You would be going to say. (말하려 하였을 텐데)	

Ili estu dirontaj.　　　　　They may be going to say. (말하려 하여라)
Esti dironta.　　　　　　　To be going to say. (말하려고 함)

분사의 끝에 "-a" 대신 "-o"를 붙이면 명사가 됩니다.
Kiam Nikodemo batas Jozefon, tiam Nikodemo estas la batanto, kaj Jozefo estas la batato.
: When Nicodemus beats Joseph, then Nicodemus is the beater, and Joseph is the one being beaten. (Nikodemo가 Jozefo를 때릴 때, Nikodemo는 때리는 사람, Jozefo는 맞는 사람이다)

La batanto. The one who is beating. (때리는 사람)
La batinto. The one who was beating. (때린 사람)
La batonto. The one who is going to beat. (때릴 사람)
La batato. The one who is being beaten. (맞는 사람)
La batito. The one who has been beaten. (맞았던 사람)
La batoto. The one who is about to be beaten. (맞을 사람)

분사의 끝이 "-n"로 끝나면 행위자를 지칭하는데, 이를 문법 용어로는 '능동분사'라고 부릅니다. "-n"가 없는 분사는 행위의 대상이 되며, 이는 '수동분사'라고 합니다.

에스페란토	한국어	영어	에스페란토	한국어	영어
tempo	시간	time	mondo	세상, 세계	world
lingvo	언어	language	nombro	숫자	number
legendo	전설	legend	loko	장소	place
salono	거실	drawing-room	eraro	실수, 잘못	mistake
soldato	군인	soldier	strato	거리	street
peki	죄짓다	to sin	fali	떨어(넘어)지다	to fall
mensogi	거짓말하다	to tell a lie	pasi	(시간)경과하다	to pass
atendi	기대/기다리다	to wait, expect	savi	구조하다	to save
danci	춤추다	to dance	kredi	믿다	to believe
ripeti	반복하다	to repeat	aresti	체포하다	to arrest
juĝi	판정하다	to judge	konduki	인도/안내하다	to conduct
vojaĝi	여행하다	to travel	ŝteli	훔치다	to steal
ripozi	쉬다	to rest, repose	diradi	되풀이하다	used to say
estonta	미래의	future	vera	진짜의	true
intence	의도적으로	intentionally	facile	쉽게	easily
antaŭe	전에	previously	dum	동안	while, during
neniam	결코	never	neniu	아무도	nobody
sen	~없이	without	senmove	꼼짝없이	motionless

[에스페란토 읽기 연습]

Fluanta akvo estas pli pura, ol akvo staranta senmove. La falinta homo ne povas sin levi. La tempo pasinta jam neniam revenos; la tempon venontan neniu ankoraŭ konas. Venu, ni atendas vin, Savonto de la mondo. En la lingvo Esperanto ni vidas la estontan lingvon de la tuta mondo. La nombro de la dancantoj estis granda. Ĝi estas la legendo, kiun la veraj kredantoj ĉiam ripetas. Li kondukis la vojaĝanton al la loko, kie la ŝtelintoj ripozis. Al homo, pekinta senintence, Dio facile pardonas. La soldatoj kondukis la arestitojn tra la stratoj. Homo, kiun oni devas juĝi, estas juĝoto.

Nun li diras al mi la veron. Hieraŭ li diris al mi la veron. Li ĉiam diradis al mi la veron. Kiam vi vidis nin en la salono, li jam antaŭe diris al mi la veron (= li estis dirinta al mi la veron). Li diros al mi la veron. Kiam vi venos al mi, li jam antaŭe diros al mi la veron (= Antaŭ ol vi venos al mi, li diros al mi la veron (= li estos dirinta al mi la veron)). Se mi petus lin, li dirus al mi la veron. Mi ne farus la eraron, se li antaŭe dirus al mi la veron (= se li estus dirinta al mi la veron). Kiam mi venos, diru al mi la veron. Kiam mia patro venos, diru al mi antaŭe la veron (= estu dirinta al mi la veron). Mi volas diri al vi la veron. Mi volas, ke tio, kion mi diris, estu vera (= mi volas esti dirinta la veron).

[영어 해석] Flowing water is purer than water standing still. The fallen man cannot raise himself. Time past will never more return; time to come no one yet knows. Come, we await you, Saviour of the world. In the language Esperanto we see the future language of the whole world. The number of the dancers was great. It is the legend which true believers always repeat. He led the traveller to the place where the thieves were resting. A man who has sinned unintentionally God easily pardons. The soldiers led the prisoners through the streets. A man whom one has to judge is prisoner at the bar.

Now he teils me the truth. Yesterday he told me the truth. He always told me the truth. When you saw us in the drawing-room he had already told me the truth. He will tell me the truth. When you come to me, he will previously tell me the truth (= Before you come to me, he will tell me the truth (= he will have told me the truth)). If I were to ask him, he would tell me the truth. I should not have made the mistake if he had previously told me the truth. When I come, tell me the truth. When my father come, tell me beforehand the truth. I wish to tell you the truth. I wish that that which I said should be true (= I wish to have told the truth).

우리말은 69p

LESSON 17과

분사는 주어와 연관해서 부사로 사용될 수도 있으며, 이 경우 행위의 어떤 상황을 말해 주는 역할을 합니다.

Promenante sur la strato, Johano vidis vian amikon.
: Walking along the street, John saw your friend. (길을 걷다가, Johano는 당신의 친구를 보았다)

그런데 만일 길을 걷고 있는 것이 주어인 Johano가 아니라 그 친구라면 다음과 같이 표현해야 합니다.

Johano vidis vian amikon, promenantan sur la strato.
: John saw your friend who was walking along the street. (Johano는 길을 걷고 있는 당신의 친구를 보았다)

에스페란토	한국어	영어	에스페란토	한국어	영어
braceleto	팔찌	bracelet	ŝtelisto	도둑	thief
vorto	단어	word	duko	(귀족)공작	duke
juvelo	보석	jewel	juvelujo	보석함	jewel-case
dolaro	달러(화폐)	dollar	instruo	교육	instruction
planko	마루/바닥	floor	imperiestro	황제	emperor
okazo	경우, 기회	opportunity, chance	servi	섬기다, 모시다	to serve
mediti	명상(숙고)하다	to meditate	porti	옮기다, 나르다	to carry
demandi	질문하다	to ask	ŝpari	절약하다	to save
edziĝi	결혼하다(男)	to marry	honti	부끄러워하다	to be ashamed
iri	가다	to go	profunda	깊은	deep
kelka	몇몇	some	ia	어떤	some/any kind
kredeble	아마도, 대개	probably	trans	넘어서, 건너서	across
tio ĉi	이~	this			

[에스페란토 읽기 연습]

Promenante sur la strato, mi falis. Trovinte pomon, mi ĝin manĝis. Li venis al mi tute ne atendite. Li iris tre meditante kaj tre malrapide. Ni hontis, ricevinte instruon de la knabo. La imperiestra servanto eliris, portante kun si la braceleton. Profunde salutante, li rakontis, ke oni kaptis la ŝteliston. Ne dirante vorton, la dukino malfermis sian juvelujon. Laborinte unu jaron, kaj ŝparinte kelkajn dolarojn, mi edziĝis kun mia Mario. Transirinte la riveron, li trovis la ŝteliston. Rigardinte okaze la plankon, ŝi vidis ian libron, forgesitan kredeble de elirinta veturanto.

[영어 해석]

Walking in the street, I fell. Having found an apple, I ate it. He came to me quite unexpected. He went meditating deeply and very slowly. We were ashamed, having received instruction from the boy. The imperial servant went out, taking with him the bracelet. Profoundly saluting, he related that the thief had been caught. Without saying a word, the duchess opened her jewel-case. Having worked a year, and having saved a few dollars, I married my Mary. Having crossed the river, he found the thief. Looking by chance on the floor, she saw some book, forgotten probably by a departed traveller.

[우리말]

거리를 걷다가 넘어졌습니다. 사과를 찾아서 먹었습니다. 그는 전혀 예상치 못하게 제게 왔습니다. 그는 깊이 생각하며 매우 천천히 걸었습니다. 소년에게 가르침을 받고 부끄러웠습니다. 황제의 하인이 팔찌를 들고 나왔습니다. 깊이 인사하며, 그는 도둑을 잡았다고 말했습니다. 한마디도 하지 않고, 공작 부인은 자신의 보석함을 열었습니다. 1년간 일하고 몇 달러를 모아서, 저는 저의 마리아와 결혼했습니다. 강을 건너자, 그는 도둑을 발견했습니다. 우연히 바닥을 바라보니, 그녀는 아마도 떠난 여행자가 잊어버린 어떤 책을 보았습니다.

[우리말] 10과

새들에게 물을 주세요, 왜냐하면 그들은 마시고 싶어 합니다. 알렉산더는 배우기 싫어해서, 제가 알렉산더를 때립니다. 누가 사자 등에 타는 것을 용감히 시도할까요? 저는 그를 때리고 싶었지만, 그는 저에게서 도망쳤습니다. 사자에게 손을 주지 마십시오. 저의 어린 친구에게 아름다운 이야기를 들려주세요. 아버지에게 제가 부지런하다고 말해 주세요. 저에게 당신의 이름을 말해 주세요. 저에게 그런 긴 편지를 쓰지 마세요. 저에게 당신의 새 옷을 보여주세요. 애야, 거울을 만지지 마세요. 사랑하는 아이들아, 항상 정직하세요. 그의 말을 듣지 마십시오.

그는 제가 주의 깊다고 말합니다. 그는 제가 주의 깊기를 요청합니다. 그에게 수다 떨지 말라고 명령하세요. 저에게 양초를 보내달라고 그에게 요청하세요. 그 작은 집은 당신이 살 가치가 있습니다. 그가 살아 있기를 그녀는 간절히 바랐습니다.

그가 오면, 제가 그를 용서하겠습니다. 우리 즐겁게 지내고, 인생을 잘 활용합시다, 왜냐하면 인생은 길지 않기 때문입니다. 그는 혼자 오지 말고, 가장 친한 친구와 함께 오세요. 저는 이미 제 모자를 가지고 있습니다. 이제 당신의 모자를 찾으세요.

LESSON 18과

접미사 -ist-
접미사 "-ist-"는 직업이나 취미같은 어떤 특정한 일에 종사 혹은 전념하고 있는 사람을 지칭합니다.
juĝi(재판하다) → juĝisto(판사), servi(섬기다/모시다) → servisto(하인),
kuraci(치료하다) → kuracisto(의사), lavi(씻다/빨다) → lavisto(세탁업자)

에스페란토	한국어	영어	에스페란토	한국어	영어
boto	부츠	boot	ŝuo	신발	shoe
maro	바다	sea	meĥaniko	역학/기계학	mechanics
ĥemio	화학	chemistry	diplomato	외교관	diplomatist
fiziko	물리학	physics	scienco	과학	science
droni	익사/침몰하다	to drown	verki	저술하다	to compose
transskribi	베끼다	to transcribe	kuiri	요리하다	to cook
veturigi	몰다, 운전하다	to drive	trompi	속이다	to deceive
okupi	차지하다	to occupy	teksi	짜다, 엮다	to weave
diversaj	다양한	various	simple	단순히	simply
je	*26과, 40과에서 다룹니다.				

[에스페란토 읽기 연습]

La botisto faras botojn kaj ŝuojn. Ŝtelistojn neniu lasas en sian domon. La kuraĝa maristo dronis en la maro. Verkisto verkas librojn, kaj skribisto simple transskribas paperojn. Ni havas diversajn servantojn—kuiriston, ĉambristinon, infanistinon, kaj veturigiston. Kiu okupas sin je meĥaniko estas meĥankisto, kaj kiu okupas sin je ĥemio estas ĥemiisto. Diplomatiiston oni povas ankaŭ nomi diplomato, sed fizikiston oni ne povas nomi fiziko, ĉar fiziko estas la nomo de la scienco mem. Unu tagon (= en unu tago) venis du trompantoj, kiuj diris, ke ili estas teksistoj.

[영어 해석]

The bootmaker makes boots and shoes. Nobody lets thieves into his house. The brave sailor was drowned in the sea. An author writes books, and a writer simply copies papers. We have various servants - a cook, a housemaid, a nurse, and a coachman. He who occupies himself with mechanics is a mechanic, and he who occupies himself with chemistry is a chemist. A diplomatist we can also call a diplomat, but a physicist we cannot call a "physic," for "physics" is the name of the science itself. One day there came two cheats, who said that they were weavers.

[우리말]
　구두장이는 장화와 신발을 만듭니다. 도둑은 아무도 자신의 집에 들이지 않습니다. 용감한 선원은 바다에 빠져 죽었습니다. 작가는 책을 쓰고, 필경사는 단순히 서류를 베껴 씁니다. 우리는 다양한 하인 즉 요리사, 하녀, 유모, 그리고 마부를 두고 있습니다. 기계학을 하는 사람은 기계공이고, 화학을 하는 사람은 화학자입니다. 외교 공무원은 외교관이라고도 부를 수 있지만, 물리학자는 물리학이라고 부를 수 없습니다. 왜냐하면 물리학은 학문 자체의 이름이기 때문입니다. 어느 날 두 명의 사기꾼이 찾아와 자신들이 직공이라고 말했습니다.

[우리말] 12과
　사자와 함께 있는 것은 위험합니다. 칼은 잘 잘립니다, 왜냐하면 날카롭기 때문입니다. 더 빨리 가세요. 그는 화가 나서 문을 닫았습니다. 그의 말은 달콤하고 유쾌하게 흘러나옵니다. 우리는 계약을 서면으로 한 것이 아니라 말로 했습니다. 정직한 사람은 정직하게 행동합니다. 얼마 전에 죽은 그 신부님은 우리 도시에서 오래 살았습니다. 당신은 그것을 되돌려 받지 못했나요? 그는 치명적으로 아픕니다. 화덕에 놓여 있던 쇠막대기는 뜨겁게 달아올랐습니다. 파리는 매우 즐거운 곳입니다. 아침 일찍 그녀는 기차역에 도착했습니다. 그렇게 오래 머물러서 죄송합니다. 그의 분노는 오래 지속되었습니다. 그는 오늘 화가 난 기분입니다. 왕은 곧 다시 다른 친절한 관리에게 보냈습니다. 오늘 저녁에 우리는 무도회를 열 것입니다. 당신은 어디에 있습니까? 여기에서 멀리! 그는 어디로 떠났습니까? 그녀는 집으로 달려갔습니다. 우리는 마치 분노한 것처럼 앞으로 나아갔습니다. 모든 것이 좋았고, 우리는 계속 나아갔습니다. 부인은 뒤를 돌아보았습니다. 선원들은 뒤로 가야 한다고 요구했습니다. 저는 이것을 여기에 걸어 두었습니다, 왜냐하면 그것이 제 목숨을 구했기 때문입니다. 저는 이곳에 결코 보내지 않았습니다.

LESSON 19과

접미사 -ig-, -iĝ-

접미사 "-ig-"는 그 단어의 원 의미대로 누군가 혹은 무언가를 하도록 만드는 것이며, "-iĝ-"는 그렇게 스스로 되는 것을 뜻합니다.

ruĝa(빨간) → ruĝigi(빨갛게 만들다) / ruĝiĝi(빨개지다)

klara(분명한) → klarigi(설명하다) / klariĝi(분명해지다)

sidi(앉아 있다) → sidigi(앉히다) / sidiĝi(주저앉다)

kun(함께) → kunigi(합치다) / kuniĝi(합쳐지다)

devi(해야 한다) → devigi(강요하다), fari(하다/만들다) → fariĝi(되다),

for(멀리) → forigi(제거하다)

에스페란토	한국어	영어	에스페란토	한국어	영어
printempo	봄(春)	spring	glacio	얼음	ice
vetero	날씨	weather	broso	솔/브러시	brush
relo	철도	rail	rado	바퀴	wheel
ĉapo	모자	bonnet, cap	arbeto	작은 나무	little tree
vento	바람	wind	branĉo	나뭇가지	branch
vizaĝo	얼굴	face	kuvo	통	tub
kolego	동료	colleague	Hebreo	유대인	Hebrew
Kristano	기독교도	Christian	kapo	머리	head
botelo	병(瓶)	bottle	devi	해야 한다	to have to
kuraci	치료하다	to treat	preni	잡다, 쥐다	to take
pendi	걸리다	to hang	blovi	(바람)불다	to blow
ekbruli	불붙다	to burn	ridi	웃다	to laugh
rompi	부수다, 깨다	to break	fluida	액체의	fluid
kota	더러운	dirty, muddy	natura	자연의	natural
seka	마른, 건조한	dry	tamen	그렇지만	however

[에스페란토 읽기 연습]

Oni tiel malhelpis al mi, ke mi malbonigis mian tutan laboron. Forigu vian fraton, ĉar li malhelpas al ni. Venigu la kuraciston, ĉar mi estas malsana. Li venigis al si el Berlino multajn librojn (= multe da libroj).

Li paliĝis de timo, kaj poste li ruĝiĝis de honto. En la printempo la glacio kaj la neĝo fluidiĝas. En la kota vetero mia vesto forte malpuriĝis; tial mi prenis broson kaj purigis la veston. Mia onklo ne mortis per natura morto, sed li tamen ne mortigis sin mem, kaj ankaŭ estis mortigita de neniu; unu tagon, promenante apud la reloj de fervojo, li falis sub la radojn de veturanta vagonaro, kaj mortiĝis. Mi ne pendigis mian ĉapon sur tiu ĉi arbeto; sed la vento forblovis de mia kapo la ĉapon, kaj ĝi, flugante, pendiĝis sur la branĉoj de la arbeto. Sidigu vin (= sidiĝu), sinjoro!

Lia malgaja vizaĝo ridigis lian amikon. La tutan nokton ili pasigis maldorme, kaj ekbruligis pli ol dekses kandelojn. Mi senvestigis la infanon de liaj noktaj vestoj, kaj starigis lin en la kuvon; poste mi sekigis lin. Li amikiĝis kun malbonaj kolegoj. Malriĉa hebreo volis kristaniĝi. La botelo falis kaj rompiĝis. Ŝi fariĝis lia edzino. Iom post iom, ŝi tute trankviliĝis.

[영어 해석]

They so hindered me that I spoiled the whole of my work. Send away your brother, for he hinders us. Fetch the doctor, for I am ill. He procured for himself many books from Berlin.

He grew pale with fear, and afterwards he blushed from shame. In the spring the ice and the snow melt. In the muddy weather my coat became very dirty; therefore I took a brush and cleaned the coat. My uncle did not die a natural death, but nevertheless he did not kill himself, and also was killed by nobody; one day, walking near the railway lines, he fell under the wheels of a moving train, and was killed. I did not hang my cap on this little tree; but the wind blew away the cap from my head, and it, flying, got caught on the branches of the little tree. Sit down, sir.

His gloomy face made his friend laugh. The whole night they passed awake, and lighted more than sixteen candles. I divested the child of his night clothes, and stood him in the tub; afterwards I dried him. He made friends with evil companions. A poor Hebrew wished to become a Christian. The bottle fell and broke. She became his wife. Little by little she became quite calm.

[우리말]

사람들이 저를 너무 방해해서 제 모든 일을 망쳤습니다. 당신의 형제를 내보내세요, 왜냐하면 그가 우리를 방해하고 있습니다. 의사를 데려오세요, 왜냐하면 제가 아프기 때문입니다. 그는 베를린에서 많은 책을 가져왔습니다.

그는 두려움에 창백해졌다가, 나중에는 수치심에 붉어졌습니다. 봄에는 얼음과 눈이

녹습니다. 진흙투성이 날씨에 제 옷이 심하게 더러워졌습니다. 그래서 저는 솔을 들고 옷을 깨끗하게 했습니다. 제 삼촌은 자연사한 것이 아니며, 스스로 목숨을 끊은 것도 아니고, 누구에게 살해당한 것도 아닙니다. 어느 날 철로 옆을 걷다가 달리는 기차 바퀴 아래로 넘어져 사망했습니다. 저는 이 작은 나무에 모자를 걸지 않았습니다. 하지만 바람이 제 머리에서 모자를 날려버렸고, 모자는 날아가서 작은 나무 가지에 걸렸습니다. 앉으세요, 신사분!

그의 슬픈 얼굴은 그의 친구를 웃게 만들었습니다. 밤새도록 그들은 잠들지 않고 지냈고, 열여섯 개가 넘는 양초를 밝혔습니다. 저는 아이의 잠옷을 벗기고 욕조에 세웠습니다. 그 다음에는 그를 말렸습니다. 그는 나쁜 동료들과 친해졌습니다. 가난한 유대인은 기독교인이 되고 싶어 했습니다. 병이 떨어져 깨졌습니다. 그녀는 그의 아내가 되었습니다. 점차 그녀는 완전히 진정되었습니다.

[보충 설명]

1. 에스페란토에서는 영어의 "it"과 같은 주어를 굳이 사용하지 않습니다. 사실 생각해보면 딱히 it이 가리키는 대상이 없기 때문입니다.

Pluvas. : It rains. (비가 내린다)

Tondras. : It thunders. (천둥이 친다)

또한 특정한 대상이 없으면 영어와 달리 형용사가 아닌 부사가 서술어로 사용됩니다.

Estas bela tago. : It is a fine day. (화창한 날이다) → Estas bele. : It is fine. (화창하다)

Estas vere, ke… : It is true that… (…는 사실이다)

2. 형용사가 복수의 명사를 수식할 때에는 단수인지 복수인지에 따라 뜻이 달라지기도 합니다. 즉 형용사가 단수면 바로 뒤의 명사만 수식하는 것이고, 형용사가 복수라면 뒤의 모든 명사들을 수식하는 셈이 됩니다.

Ni havas freŝajn lakton kaj panon = Ni havas freŝan lakton kaj freŝan panon
: We have new milk and new bread. (우리한테는 새 우유와 새 빵이 있다)

Ni havas freŝan lakton kaj panon.
: We have bread and new milk. (우리한테는 (그냥) 빵과 새 우유가 있다)

3. 명사 앞에 여러 형용사가 오더라도 항상 그것이 복수형이 되는 것은 아닙니다.

La angla, franca kaj germana lingvoj estas malfacilaj.
: The English, French and German languages are difficult. (영어, 프랑스어, 독일어는 어렵다)

즉 lingvoj는 곧 여러 언어를 받는 주어이기 때문에 복수형으로 쓰이는 게 맞지만, 그 앞의 angla, franca, germana는 각각 하나의 언어들이기 때문에 복수형을 만드는 "-j"가 붙지 않습니다. 그리고 문장 끝의 형용사인 malfacilaj는 그 셋을 한꺼번에 설명하는 것이기 때문에 복수형이 되는 것입니다.

LESSON 20과

오늘은 이 책에서 가장 분량이 많은 날입니다. 날짜를 분리해서 설명하고 싶어도 표 하나가 통째로 서로 상관관계를 갖는 내용인 까닭에 부득이 한꺼번에 이해하지 않으면 안 되다보니 양이 좀 많아졌습니다. 다른 날보다는 좀 더 시간을 내서 집중하여 봐주시면 좋겠습니다.

[상관관계 단어표]

	- INDEFINITE some, any	K QUESTIONING RELATIVE what, which	T DEFINITE that	Ĉ INCLUSIVE each, every, all	Nen- NEGATIVE no, none
Quality	**ia** some kind any kind	Kia what kind	Tia that kind such	Ĉia each kind every kind	Nenia no kind
Motive	**ial** for some reason for any reason	Kial why	Tial for that reason therefore	Ĉial for each reason for every reason	Nenial for no reason
Time	**iam** sometime any time	Kiam when	Tiam then	Ĉiam each time always	Neniam never
Place	**ie** somewhere anywhere	Kie where	Tie there	Ĉie at each place everywhere	Nenie nowhere
Manner	**iel** somehow, anyhow	Kiel how (as, like)	Tiel in that way so	Ĉiel in each way in every way	Neniel in no way
Possession	**ies** someone's anyone's	Kies whose	Ties that one's	Ĉies each one's everyone's	Nenies no one's
Thing	**io** something anything	Kio what	Tio that thing	Ĉio everything	Nenio nothing
Quantity	**iom** some	Kiom how much	Tiom so much	Ĉiom every quantity all of it	Neniom none
Individuality	**iu** someone anyone	Kiu who, which	Tiu that person that thing	Ĉiu each person everyone	Neniu no one nobody

위의 단어들은 사실 이미 앞서 조금씩 만나본 적이 있는 것들입니다만, 복잡하게 설명하기보다는 각각의 용례와 함께 살펴보는 편이 좋겠습니다.

ia (kind or quality, 종류나 특성)
Kia floro estas la plej bela? Ia kaj ĉia floro estas bela, nenia estas malbela. Mi admiras la rozon; tia floro la plej plaĉas al mi.
: What (kind of) flower is the most beautiful? Any kind and every kind of

flower is beautiful, no kind is ugly. I admire the rose, that kind of flower pleases me the most.
(어떤 꽃이 가장 아름다운가? 어떤 꽃이든 모든 꽃은 아름다우며, 어떠한 것도 못난 것은 없다. 나는 장미를 가장 좋아하는데, 그런 꽃이 가장 내 마음에 드니까.)

ial (motive or reason, 동기 혹은 이유)

Kial li iros en Parizon? Mi ne scias; ial li foriros, sed ĉial estus pli bone resti en Londono. Li deziras foriri, tial li foriros.
: Why is he going to Paris? I know not; for some reason he is going, but for every reason it would be better to remain in London. He wishes to go, therefore (for that reason) he will go.
(그는 왜 파리로 가려 하는가? 나는 그가 어쩐 일로 떠나려는 지 모르지만, 여러 가지 이유에서 런던에 남는 편이 더 나을 텐데. 그는 떠나고 싶으니까, 그래서 떠날 것이다.)

iam (time, 시간)

Kiam vi venos min viziti? Iam mi venos, kiam mi havos libertempon; vi ĉiam havas libertempon, mi neniam. Postmorgaŭ estos festo, tiam mi venos.
: When will you come to visit me? Sometime I will come, when I shall have a holiday; you always have a holiday, I never. The day after tomorrow will be a holiday; I will come then.
(언제 당신은 나를 만나러 오겠소? 언제든 나는 한가할 때 가겠소. 당신은 언제나 한가하겠지만 나는 결코 그렇지 못하오. 내일모레면 휴일이니 그때 내가 가겠소)

ie (place, 장소)

Kie estas mia ĉapelo? Ĝi devas esti ie, sed mi serĉis ĝin ĉie, kaj nenie mi povas trovi ĝin. Ha, nun mi ekvidas ĝin tie.
: Where is my hat? It must be somewhere, but I have looked for it everywhere, and nowhere can I find it. Ha, now I see it there.
(내 모자가 어딨지? 어딘가 있어야 할 텐데, 여기저기 다 찾아봤지만 어디서도 발견할 수가 없네. 아, 이제야 저기 보이는구나)

iel (manner, 방법)

Kiel vi faros tion ĉi? Mi ne scias; mi ĉiel provis ĝin fari, sed mi neniel sukcesis. Johano sukcesis iel; eble li faris ĝin tiel.
: How will you do this? I do not know; I have tried in every way to do it, but I have in no way succeeded. John succeeded in some way; perhaps he did it so.

(당신은 어떻게 이걸 할 거요? 나는 잘 모르겠소. 어떻게든 해보려고 노력했지만, 어떻게도 성공하지 못했소. Johano는 어찌어찌 성공했던데, 아마 그렇게 했나보오.)

ies (possession, 소유)
Kies devo estas tio ĉi? Eble ĝi estas ties; sendube ĝi estas ies. Ĉies devo estas nenies.
: Whose duty is this? Perhaps it is that one's; doubtless it is somebody's. Everybody's duty is nobody's.
(이건 누구의 의무인가? 아마도 그의 것이겠지. 누군가의 것이라는 건 당연해. 모두의 의무는 아무의 것도 아니니까)

io (thing, 사물)
Kio malplaĉas al vi? Nun nenio malplaĉas al mi, ĉio estas bona. Antaŭ tri tagoj io tre malplaĉis al mi, sed mi ne parolas pri tio nun.
: What displeases you? Now nothing displeases me, all is well. Three days ago something greatly displeased me, but I am not speaking about that now.
(무엇이 당신 마음에 안 든 건가요? 이제 저한테는 마음에 들지 않는 게 전혀 없고, 모두 다 좋아요. 3일 전 뭔가 정말 제 마음에 안 든 게 있었지만, 지금 그건 말하지 않겠어요)

iom (quantity, 수량)
Kiom da mono vi bezonas? Mi havas tiom, mi povas prunti al vi iom, sed ne ĉiom. Se mi pruntus al vi ĉiom, mi mem havus neniom.
: How much money do you need? I have so much, I can lend you some, but not all. If I were to lend you all, I myself should have none.
(얼마나 돈이 필요한가요? 저는 저만큼 있으니 전부 다는 아니고 얼마간은 빌려드릴 수 있어요. 당신에게 몽땅 빌려드리면 저한테는 전혀 남지 않으니까요)

iu (individuality, person, or thing specified, 개인 혹은 특정한 사물)
Kiu estis ĉe la balo? Ĉiu, kiu estis invitita, estis tie, neniu forestis. Iu, kiun mi mem ne konas, venis kun tiu kiu vizitis vin hieraŭ.
: Who was at the ball? Everybody who had been invited was there, nobody was absent. Somebody, whom I myself do not know, came with that person who visited you yesterday.
(무도회에 누가 있었지? 초대받은 모두가 거기 있었고, 빠진 사람은 아무도 없었는데. 나는 잘 모르는 누군가가 어제 당신을 방문한 그 사람과 함께 왔었어)

이 기본 열의 단어들을 기본으로 깔고 조금만 확장해보도록 하겠습니다. K열의 단어들은 질문을 하거나 바로 앞에 언급되는 사람 혹은 사물을 가리키는 데 사용됩니다. 또 T열의 단어들은 특정 시간이나 장소 등을 지칭하는 것이며, Ĉ열은 각각/모두를 의미하는데 "-j"를 덧붙여 복수형으로 사용하면 모두를 통칭하는 것이 됩니다. 이들 첫 글자 없이 사용될 때에는 특정하지 않은 임의의 어떤 대상이 되며, 마지막 열인 "nen-"의 경우엔 그 무엇도 아닌, 아무것도 없음을 말합니다.

이제 일부 디테일만 잡고 넘어가겠습니다.

"-ia", "-iu"로 끝나는 단어들은 복수형('-j')과 목적격('-n')이 될 수 있습니다.

"-io"의 단어들은 목적격('-n')은 되지만 본래 의미상 복수형('-j')은 될 수 없습니다.

장소를 나타내는 "-ie"의 단어들은 (목적격이 아닌) 방향을 의미하는 "-n"를 붙일 수가 있습니다.

가깝다는 뉘앙스의 "ĉi"라는 단어는 저기, 그것 등의 의미(that)를 갖는 T의 단어들과 함께 연결하여 사용되면 여기, 이것 등의 의미(this)를 띄게 됩니다. ĉi는 앞에 오든 뒤에 오든 순서는 상관없습니다.

tio ĉi(이것), tiu ĉi(이 사람), tie ĉi = ĉi tie(여기)

"ajn"이라는 단어는 영어의 "ever"와 같은 것인데, K의 단어들과 같이 사용되면 좀 더 포괄적이고 폭넓은 의미를 갖게 해줍니다.

kio ajn(whatever, 뭐든지), kiu ajn(whoever, 누구든), kiam ajn(whenever, 언제든) kiom ajn(however much, 얼마든지)

그리고 일전에 한번 언급한 적 있는 동급 비교는 오늘 배운 내용을 활용하여 만들 수 있습니다.

tiel ... kiel
Vi estas tiel forta, kiel mi. : You are as strong as I. (당신은 나만큼 강하다)

tia ... kia
Tia domo, kia tiu, estas malofta. : Such a house as that is rare. (저만치 그런 집은 드물다)

sama ... kia
Mia bastono estas tia sama, kia la via. : My stick is the same as yours. (내것은 당신과 똑같다)

sama ... kiel
Ĝia uzado estas tia sama, kiel en la aliaj lingvoj.
: Its use is the same as in the other languages. (그 사용법은 다른 언어들과 마찬가지이다)

Vi ĉiam laboradas al tiu sama celo, kiel mi.
: You are always working towards that same aim as I. (당신은 늘 나와 같은 목표를 향해 노력한다)

끝으로, 이 단어들 중 의미가 통하는 것들은 형용사나 부사로도 사용 가능하며, 접두사나 접미사 혹은 다른 단어들과 결합되기도 합니다. 그중 kioma는 시간을 물을 때 사용됩니다.

ĉiama(지속적인/끊임없는), tiea(그곳에서의)
Kioma horo estas? : What time is it? (몇 시인가요?)

에스페란토	한국어	영어	에스페란토	한국어	영어
ankro	닻	anchor	maniero	태도, 방법	manner, way
riproĉo	비난, 질책	reproach	konscienco	양심	conscience
propono	제안	proposal, offer	rando	가장자리	edge
ŝipo	배(船)	ship	dubo	의심	doubt
demando	질문	question	admiri	감탄/동경하다	to admire
plaĉi	마음에 들다	to be pleasing	supozi	생각/추측하다	to suppose
provi	시도하다	to attempt, try	sukcesi	성공하다	to succeed
perdi	잃다, 지다	to lose	meriti	가치가 있다	to deserve
kompreni	이해하다	to understand	libera	자유로운	free
certa	확실한	certain, sure	utila	유용한	useful
fremda	이상한, 낯선	strange	necesa	필요한	necessary
ekster	~의 밖에	outside			

[에스페란토 읽기 연습] ①

Ia. La maro estas tie pli profunda, ol povas atingi ia ankro. En ia maniero. Sen ia riproĉo de konscienco. Mi scias, en kia loko mi certe lin trovos. Kia estas la vetero? Kian malbonon mi al vi faris? Tiamaniere li faris ĉion. Li invitis lin veni en tian kaj tian lokon. Ne ĉia birdo kantas. Ekster ĉia dubo. Nenia homo meritas tian punon. Tiaj libroj estas malutilaj. Iafoje li vizitas nin.

Ial. Ial li ne povis dormi. Kial vi ne respondas al mi? Mi ne komprenis vian demandon, tial mi ne respondis. La homoj ne komprenas unu la alian, kaj tial ili tenas sin fremde. Ĉial tio estas la plej bona.

Iam. Mi iam vin amis. Kio vivas, necese devas iam morti. Kiam vi foriros? En la luna nokto, kiam ĉiuj dormis, tiam ŝi sidis sur la rando de la ŝipo. Estu por ĉiam benata! Ŝi antaŭe neniam vidis hundon.

[영어 해석]

The sea is deeper there than any anchor can reach. In any way. Without any reproach of conscience. I know in what sort of place I shall certainly find him. What kind of weather is it? What harm have I done to you? In that way he did everything. He invited him to come into such and such a place. Not every sort of bird sings. Beyond all doubt. No (kind of) man deserves such a punishment. Such books are harmful. At times he visits us.

For some reason he could not sleep. Why do you not answer me? I did not understand your question, therefore I did not answer. People do not understand one another, and therefore they hold themselves aloof. For every reason that is the best. I once loved you. What lives must of necessity some time die. When shall you go away? In the moonlight night, when all were asleep, then she sat on the edge or the ship. Be forever blessed! She had never seen a dog before.　　　　　　　　　　　　　　　　우리말은 99p

에스페란토	한국어	영어	에스페란토	한국어	영어
mono	돈	money	monujo	지갑	purse
juneco	젊음	youth	reto	그물, 망(網)	net
ideo	생각	idea	gajno	획득	gain
taŭgi	적합/적당하다	to be suitable	farti	지내다	to be, fare
monto	산(山)	mountain	ganto	장갑	glove
opinio	의견	opinion	voĉo	목소리	voice
prezidi	주재하다, 사회 보다	to preside	alpreni	받아들이다	to adopt
stranga	이상한, 신기한	strange	komprenebla	당연한	understandable
subita	갑작스런	sudden			

[에스페란토 읽기 연습] ②

Ie. Kie estas la knaboj? Kien vi iris? Mi restas tie ĉi. Li perdis sian monujon ie en la urbo, sed kie li perdis ĝin, li ne scias. Mi volonte el tie venis tien ĉi. Li petis ŝin, ke ŝi diru al li, de kie si venas. Por la juneco ĉie staras retoj. Ĉie estas floroj, kaj nenie oni povas trovi pli belajn.

Iel. Kiel bela! Ĉu mi taŭgas kiel reĝo? Tiel finiĝis la feliĉa tago. Ili brilis kiel diamantoj. Kiel vi fartas? Iel li malkomprenis min. Mia edzino pensis tiel same, kiel mi. Mi neniel povas kompreni, kion vi diras. Tre stranga kaj neniel komprenebla! Mi elektis lin kiel prezidanto.

Ies. Kies ganto tiu ĉi estas? Mi neniam alprenas ties opinion. Subite ŝi ekaŭdis ies fortan malagrablan voĉon. Ĉies ideo estas diversa. Bona amiko, sen kies helpo li neniam ekvidus tiun ĉi landon. Ies perdo ne estas ĉiam ies gajno. Ies perdo estas ofte nenies gajno. 우리말은 104p

[영어 해석]

Where are the boys? Where did you go? I am staying here. He lost his purse somewhere in the town, but where he lost it he does not know. I willingly came from there to here. He begged her to tell him whence she came. For youth there are snares everywhere. Everywhere are flowers, and nowhere can one find more beautiful.

How beautiful! Am I fit for a king? So finished the happy day. They shone like diamonds. How are you? Somehow he misunderstood me. My wife thought the same as I. I cannot understand at all what you say. Very strange and quite incomprehensible! I chose him as president.

Whose glove is this? I never take that one's opinion. Suddenly she heard somebody's loud disagreeable voice. Everybody's idea is different. A good friend, without whose help he would never have seen this land. Somebody's loss is not always somebody's gain. Someone's loss is often no one's gain.

에스페란토	한국어	영어	에스페란토	한국어	영어
ornamo	장식	ornament	pupilo	눈동자	pupil
centimo	상팀(화폐)	centime	forto	힘	strength, power
nesto	보금자리	nest	Fortuno	행운	fortune
funto	파운드(화폐)	pound	lango	혀(舌)	tongue
gusto	맛	taste	okulo	눈(目)	eye
ĉino	중국인	Chinese	decido	결정	decision
cedi	양보하다	to give up, yield, cede	forlasi	그만두다	to forsake, leave
prudenta	신중한	prudent	firma	확고한, 단단한	firm, stable
sterlinga	순도높은(화폐)	sterling	kontraŭ	반대로	against, opposite
pro	때문에	for, owing to			

[에스페란토 읽기 연습] ③

Io. Mi sentas, ke io okazas. Neniam mi ion al vi donis. Mi volas fari al vi ion bonan. Kio tio ĉi estas? Kia ornamo tiu ĉi estas? Kion mi vidas? Tio ĉi estas ĉio, pri kio mi parolis. Mi nenion cedos al vi. Nenion faru kontraŭ la patrino. Antaŭ ĉio estu fidela al vi mem. Ŝi eksentis ion tian, kion ŝi mem komence ne povas kompreni.

Iom. Ŝi parolis iom kolere. La pupiloj de la okuloj iom post iom malgrandiĝis. Kiu estas tiom senprudenta, ke li povas ĝin kredi? Kiom da mono vi havas? Mi havas neniom. Donu al mi tiom da akvo, kiom da vino.

Iu. Iu venas; kiu ĝi estas? Ĉu iu kuraĝus tion fari? Ĉiu penis sin savi, kiel li povis. Lingvo, en kiu neniu nin komprenos. Neniu el ili povis savi la dronanton. Li al neniu helpis iam eĉ per unu centimo. Ni iros ĉiuj kune. Mi konas neniun en tiu urbo. Tio ĉi estas super ĉiuj homaj fortoj.

De kie mi veturas, kien kaj pro kio, mi nur povas respondi: mi ne scias. Oni petis lin atendi iom kun lia forveturo. Tiuj ĉi nestoj ofte estas pli grandaj, ol la dometoj de la tieaj homoj. Li forveturis kun firma decido forlasi por ĉiam tiun ĉi sendankan landon. Se iu tion vidus, li malbenus la Fortunon. Mi donus cent funtojn sterlingajn, se bova lango povus havi por mi tian bonan guston kiel por vi. Kioma horo estas? Baldaŭ la dekdua (horo).

[영어 해석]

I feel that something is happening. Never did I give you anything. I wish to do something good for (to) you. What is this? What kind of ornament is this? What do I see? This is all I spoke of. I will give up nothing to you. Do nothing against your mother. Before all, be faithful to yourself. She began to feel something such as she herself in the beginning could not understand.

She spoke a little angrily. The pupils of the eyes little by little contracted. Who is so unreasonable that he can believe it? How much money have you? I have none. Give me as much water as wine.

Somebody comes; who is it? Would anybody have the courage to do that? Everybody tried to save himself as he could. A language in which nobody will understand us. None of them could save the drowning person. He helped nobody ever (= never helped anybody) even with one centime. We shall go all together. I know nobody in that town. This is beyond all human strength.

Where I am travelling from, whither and why, I can only answer: I know not. They begged him to delay a little his departure. These nests are often larger than the huts of the people of that place. He departed with the firm resolve to leave forever this ungrateful land. If anyone were to see that, he would curse Fortune. I would give a hundred pounds sterling if ox tongue could have for me such a good taste as for you. What time is it? Nearly twelve o'clock.

우리말은 121p

LESSON 21과

접미사 -eg-, -et-
접미사 "-eg-"와 "-et-"는 서로 정반대의 의미를 지니고 있습니다.
"-eg-"가 크다는 뉘앙스라면 "-et-"는 작다는 뜻입니다.
domo(집) → domego(저택) / dometo(오두막)
ŝnuro(줄, 끈) → ŝnurego(로프) / ŝnureto(실)
monto(산) → montego(큰 산) / monteto(언덕)
ami(사랑하다) → amegi(숭배하다) / ameti(좋아하다)
ridi(웃다) → ridegi(박장대소하다) / rideti(미소짓다)
"-eg-"와 "-et-"는 아주 크고 아주 작다는 절대적인 표현이라기보다는 뉘앙스상 상대적으로 좀 더 크고 작은 정도를 내포합니다. 다만 이 둘이 형용사로 독립적으로 사용될 때에는 "ega"는 거대하다이고, "eta"는 조그맣다는 뜻이 됩니다.

에스페란토	한국어	영어	에스페란토	한국어	영어
arbaro	숲	wood	bruo	소음, 시끄러움	noise
kaleŝo	마차	carriage	korto	마당	courtyard
piedo	발	foot	teruro	공포	terror
militistaro	군대	army	serio	연속	series
somero	여름	summer	kampo	들판	field
piedego	(동물) 발	paw	foriri	떠나다	to go away
murmuri	중얼거리다	to murmur	varma	따뜻한	warm
densa	고밀도의, 짙은	dense			

[에스페란토 읽기 연습]

En varmega tago mi amas promeni en arbaro. Kun bruo oni malfermis la pordegon, kaj la kaleŝo enveturis en la korton. Tio ĉi estas jam ne simpla pluvo, sed pluvego. Grandega hundo metis sur min sian antaŭan piedegon, kaj mi de teruro ne sciis, kion fari. Antaŭ nia militistaro staris granda serio da pafilegoj. En tiu nokto blovis terura ventego. Kun plezurego. Li deziregis denove foriri.

Tuj post la hejto la forno estis varmega, post unu horo ĝi estis nur varma, post du horoj ĝi estis nur iom varmeta, kaj post tri horoj ĝi estis jam tute malvarma. Mi aĉetis por la infanoj tableton kaj kelke da seĝetoj. En nia lando sin ne trovas montoj, sed nur montetoj. En somero ni trovas malvarmeton en densaj arbaroj. Li sidas apud la tablo kaj dormetas. Mallarĝa vojeto kondukas tra tiu ĉi kampo al nia domo. Sur lia vizaĝo mi vidis ĝojan rideton. Antaŭ la virino aperis malgranda, beleta hundo. Pardonu, li murmuretis.

[영어 해석]

On a hot day I like to walk in a wood. They opened the gate noisily, and the carriage drove into the courtyard. This is no longer simple rain, but a downpour. A huge dog put its forepaw on me, and from terror I did not know what to do. Before our army stood a great series of cannon. That night a terrible gale blew. With delight. He longed to go away again.

Immediately after heating the stove was hot, in an hour it was only warm, in two hours it was only just warm, and after three hours it was already quite cold. I bought for the children a little table and some little seats. In our country there are no mountains, but only hills. In summer we find coolness in thick woods. He sits near the table and dozes. A narrow path leads through this field to our house. On his face I saw a joyful smile. Before the woman appeared a pretty little dog. Pardon, he whispered.

[우리말]

뜨거운 날, 저는 숲에서 산책하는 것을 좋아합니다. 요란한 소리와 함께 문이 열리고, 마차가 마당으로 들어섰습니다. 이것은 더 이상 단순한 비가 아니라 폭우입니다. 거대한 개가 제게 앞발을 올려놓았고, 저는 너무 놀라서 무엇을 해야 할지 몰랐습니다. 우리 군대 앞에는 수많은 대포가 늘어서 있었습니다. 그날 밤은 끔찍한 강풍이 불었습니다. 엄청난 즐거움으로. 그는 다시 떠나기를 몹시 바랐습니다.

난방 직후에는 난로가 매우 뜨거웠고, 한 시간 후에는 그냥 따뜻했으며, 두 시간 후에는 약간 미지근했고, 세 시간 후에는 이미 완전히 차가워졌습니다. 저는 아이들을 위해 작은 탁자와 몇 개의 작은 의자를 샀습니다. 우리 나라에는 산이 없고 작은 언덕만 있습니다. 여름에는 울창한 숲에서 시원함을 느낍니다. 그는 탁자 옆에 앉아 졸고 있습니다. 좁은 오솔길이 이 들판을 가로질러 우리 집으로 이어집니다. 그의 얼굴에서 저는 기쁜 미소를 보았습니다. 그 여자 앞에 작고 예쁜 개가 나타났습니다. 죄송합니다, 그는 웅얼거렸습니다.

LESSON 22과

접미사 -il-
접미사 "-il-"는 어떤 일을 위해 사용하는 도구를 뜻합니다.
razi(면도하다) → razilo(면도기), rigli(채우다/잠그다) → riglilo(빗장/볼트),
butero(버터) → buterilo(교유기(攪乳器): 우유 젓는 기계),
kuraci(치료하다) → kuracilo(의약품)

에스페란토	한국어	영어	에스페란토	한국어	영어
viando	고기	meat, flesh	poŝo	주머니	pocket
korko	코르크	cork	arĝento	은(銀)	silver
telero	접시	plate	sano	건강	health
butero	버터	butter	haki	자르다, 패다	to chop, hew
segi	톱질하다	to saw	fosi	파내다	to dig
kudri	바느질하다	to sew	tondi	자르다	to clip, shear
kombi	빗다	to comb	ŝtopi	틀어막다	to stop up
ŝlosi	잠그다	to lock	gliti	미끄러지다	to glide, slide
direkti	이끌다	to direct, steer	difekti	손상시키다	to damage
montri	보여주다	to show	pesi	(무게) 재다	to weigh
tiri	끌어당기다	to draw, pull	veturi	타고 가다	to drive
frosta	몹시 추운	frosty	magneta	자석의, 자기의	magnetic

[에스페란토 읽기 연습]

Per hakilo ni hakas, per segilo ni segas, per fosilo ni fosas, per kudrilo ni kudras, per tondilo ni tondas. La tranĉilo estis tiel malakra, ke mi ne povis tranĉi per ĝi la viandon, kaj mi devis uzi mian poŝan tranĉilon. Ĉu vi havas korktirilon, por malŝtopi la botelon? Mi volis ŝlosi la pordon, sed mi perdis la ŝlosilon. Ŝi kombas al si la harojn per arĝenta kombilo. En somero ni veturas per diversaj veturiloj, kaj en vintro per glitveturilo. Hodiaŭ estas bela frosta vetero; tial mi prenos miajn glitilojn kaj iros gliti. La direktilisto de "Pinta" difektis la direktilon. La magneta montrilo. La unua montrilo en la plej multaj malsanoj estas la lango. Li metis ĝin sur la teleron de pesilo.

[영어 해석]

With an axe we chop, with a saw we saw, with a spade we dig, with a needle we sew, with scissors we clip. The knife was so blunt that I could not cut the meat with it, and I had to use my pocket knife. Have you a corkscrew to uncork the bottle? I wished to lock the door, but I had lost the key. She combs her hair with a silver comb. In summer we travel by various vehicles, and in winter by a sledge. Today it is beautiful frosty weather; therefore I shall take my skates and go skating. The steersman of the "Pinta" injured the rudder. The magnetic needle. The first indicator in most illnesses is the tongue. He put it on the plate of a pair of scales.

[우리말]

도끼로 우리는 찍고, 톱으로 우리는 톱질하며, 삽으로 우리는 파고, 바늘로 우리는 꿰매고, 가위로 우리는 자릅니다. 칼이 너무 무뎌서 고기를 자를 수 없었고, 저는 주머니칼을 사용해야 했습니다. 병을 따기 위한 코르크 따개가 있으신가요? 문을 잠그고 싶었는데 열쇠를 잃어버렸습니다. 그녀는 은 빗으로 머리를 빗습니다. 여름에는 다양한 탈것을 타고 여행하고, 겨울에는 썰매를 탑니다. 오늘은 아름다운 추운 날씨입니다. 그래서 저는 스케이트를 신고 스케이트를 타러 갈 것입니다. "핀타"의 조종수는 조종 장치를 손상시켰습니다. 자석 바늘. 대부분의 질병에서 첫 번째 지표는 혀입니다. 그는 그것을 저울 접시에 올려놓았습니다.

[우리말] 16과

흐르는 물이 정지해 있는 물보다 더 깨끗합니다. 넘어진 사람은 스스로 일어설 수 없습니다. 지나간 시간은 결코 돌아오지 않습니다. 다가올 시간은 아무도 아직 알지 못합니다. 오세요, 세상의 구원자여, 우리는 당신을 기다립니다. 에스페란토에서 우리는 전 세계의 미래 언어를 봅니다. 춤추는 사람들의 수가 많았습니다. 그것은 진정한 신자들이 항상 반복하는 전설입니다. 그는 여행자를 도둑들이 쉬고 있던 곳으로 데려갔습니다. 의도치 않게 죄를 지은 사람에게 신은 쉽게 용서합니다. 병사들은 체포된 사람들을 거리를 통해 데려갔습니다. 재판받아야 할 사람은 피고인입니다.

지금 그는 제게 진실을 말합니다. 어제 그는 제게 진실을 말했습니다. 그는 항상 제게 진실을 말해왔습니다. 당신이 거실에서 우리를 보았을 때, 그는 이미 제게 진실을 말했습니다 (즉, 그는 제게 진실을 말했습니다). 그는 제게 진실을 말할 것입니다. 당신이 제게 올 때, 그는 이미 제게 진실을 말할 것입니다 (즉, 당신이 제게 오기 전에 그는 제게 진실을 말할 것입니다). 만약 제가 그에게 요청한다면, 그는 제게 진실을 말할 텐데요. 그가 미리 제게 진실을 말했더라면 (즉, 그가 제게 진실을 말했더라면) 저는 실수를 하지 않았을 것입니다. 제가 오면, 제게 진실을 말해주세요. 제 아버지가 오시면, 미리 제게 진실을 말해주세요 (즉, 제게 진실을 말했어야 합니다). 저는 당신에게 진실을 말하고 싶습니다. 저는 제가 말한 것이 진실이기를 바랍니다 (즉, 저는 진실을 말했기를 바랍니다).

LESSON 23과

접미사 -an-, -estr-
접미사 "-an-"은 국가의 국민이나 도시의 시민, 혹은 단체, 모임, 종교 등의 구성원을 의미합니다.
Eŭropano(유럽인), Londonano(런던 사람), urbo(도시) → urbano(시민),
klubo(클럽) → klubano(클럽 회원), ano(구성원)

"-estr-"는 국가, 도시, 단체의 수장을 뜻합니다.
regno(국가) → regnestro(군주), urbo(도시) → urbestro(시장),
lernejo(학교) → lernejestro(교장), imperio(제국) → imperiestro(황제)

에스페란토	한국어	영어	에스페란토	한국어	영어
Parizo	파리	Paris	regno	국가	State
imperio	제국	empire	polico	경찰	police
Kristo	그리스도	Christ	germano	독일인	German
franco	프랑스인	Frenchman	Rusio	러시아	Russia
provinco	지방, 시골	province	religio	종교	religion
regimento	연대(군대)	regiment	lokomotivo	기관차	engine
loĝio	작은 방	box, lodge	vilaĝo	마을	village
obei	복종하다	to obey	konfesi	고백/시인하다	to confess
eniri	들어가다	to enter	ruza	교활한, 간사한	sharp, cunning
sufiĉa	충분한	sufficient	ordinara	보통의, 일반적	ordinary
naiva	순진한	simple	saĝa	현명한, 똑똑한	wise
severa	엄격한, 심각한	strict, severe	justa	공정한, 올바른	just, righteous
egala	동등한	equal	fiera	자랑스러운	proud
energia	정력적인	energetic			

[에스페란토 읽기 연습]

La ŝipanoj devas obei la ŝipestron. Ĉiuj loĝantoj de regno estas regnanoj. Urbanoj estas ordinare pli ruzaj, ol vilaĝanoj. La Parizanoj estas gajaj homoj. Nia urbo havas bonajn policanojn, sed ne sufiĉe energian policestron.

Luteranoj kaj Kalvinanoj estas Kristanoj. Germanoj kaj francoj, kiuj loĝas en Rusio, estas Rusujanoj, kvankam ili ne estas rusoj. Li estas nelerta kaj naiva provincano. La loĝantoj de unu regno estas samregnanoj, la loĝantoj de unu urbo estas samurbanoj, la konfesantoj de unu religio estas samreligianoj. Tiuj, kiuj havas la samajn ideojn, estas samideanoj. La regnestro de nia lando estas bona kaj saĝa reĝo. Nia provincestro estas severa, sed justa. Nia regimentestro estas por siaj soldatoj kiel bona patro. Ili estas egale fieraj, kiel domestrino pri sia domo. Sur la lokomotivo la lokomotivestro sidis sola. La imperiestro, akompanata de la imperiestrino, ĵus eniris en sian loĝion.

[영어 해석]

The sailors must obey the captain. All the inhabitants of a state are citizens of the state. Townsfolk are usually sharper than villagers. The Parisians are gay folk. Our town has good policemen, but not a sufficiently energetic chief constable. Lutherans and Calvinists are Christians. Germans and Frenchmen who live in Russia are Russian subjects, although they are not Russians. He is an awkward and simple provincial. The inhabitants of one state are fellow-countrymen, the inhabitants of one town are fellow-citizens, the professors of one religion are co-religionists. Those who have the same ideas are fellow-thinkers. The ruler of our country is a good and wise king. The governor of our province is strict but just. Our regimental chief (= colonel) is like a good father to his soldiers. They are as proud as a housewife of her house. On the engine the engine-driver sat alone. The emperor, accompanied by the empress, had just entered his box.

[우리말]

선원들은 선장에게 복종해야 합니다. 한 왕국의 모든 거주자는 국민입니다. 도시 사람들은 보통 시골 사람들보다 더 교활합니다. 파리 사람들은 명랑한 사람들입니다. 우리 도시에는 좋은 경찰관들이 있지만, 충분히 정력적인 경찰서장은 없습니다. 루터교도와 칼뱅교도는 기독교인입니다. 러시아에 사는 독일인과 프랑스인은 러시아인이 아니더라도 러시아 거주자입니다. 그는 서투르고 순진한 지방 사람입니다. 한 왕국의 거주자는 같은 국민이고, 한 도시의 거주자는 같은 도시 사람이며, 같은 종교를 고백하는 사람들은 같은 종교인입니다. 같은 생각을 가진 사람들은 같은 생각을 가진 사람들입니다. 우리나라의 국왕은 훌륭하고 현명한 왕입니다. 우리 지방장관은 엄격하지만 공정합니다. 우리 연대장은 자신의 병사들에게 좋은 아버지와 같습니다. 그들은 주부가 자신의 집에 대해 자랑스러워하는 것만큼 똑같이 자랑스러워합니다. 기관차에는 기관사가 홀로 앉아 있었습니다. 황제는 황후의 수행을 받으며 막 자신의 특별석으로 들어갔습니다.

LESSON 24과

접미사 -ar-, -er-
접미사 "-ar-"는 인물이나 사물의 집합체를 지칭합니다.
arbo(나무) → arbaro(숲), homo(인간) → homaro(인류),
militisto(군인) → militistaro(군대), vorto(단어) → vortaro(사전) / vortareto(어휘집)
aro(떼/무리), anaro(단체)

"-er'는 하나의 조각 내지 덩어리의 일부분을 말합니다.
greno(곡식) → grenero(낱알), polvo(먼지) → polvero(티끌),
pulvo(화약) → pulvero(화약 가루), hajlo(우박) → hajlero(우박알),
neĝo(눈) → neĝero(눈송이), koto(진흙) → kotero(진흙 알갱이)

에스페란토	한국어	영어	에스페란토	한국어	영어
pulvo	화약	gunpowder	ŝtupo	계단(칸)	step, stair
tegmento	지붕	roof	herbo	풀	grass
bruto	짐승	brute, beast	lano	양털	wool
persono	사람	person	floreno	플로린(은화)	florin
ŝilingo	실링(화폐)	shilling	penco	페니(화폐)	penny
glaso	유리잔, 컵	glass, tumbler	brando	브랜디(酒)	brandy
tuko	천 조각	a cloth	telertuketo	냅킨	serviette
ŝnuro	줄, 끈	cord	sablo	모래	sand
ŝafo	양	a sheep	fajro	불	fire
meti	두다, 놓다	to put, set	paŝti	방목하다	to pasture
sekvi	따르다	to follow	bari	막다, 방해하다	to bar, obstruct
batali	싸우다	to battle, fight	eksplodi	폭발하다	to explode
brava	용감한	brave	kruta	가파른	steep
hispana	스페인의	Spanish	vasta	광대한	vast, spacious
precipe	주로, 특히	particularly	preskaŭ	거의	almost
inter	사이에	between, among			

[에스페란토 읽기 연습]

Nia lando venkos, ĉar nia militistaro estas granda kaj brava. Sur kruta ŝtuparo li levis sin al la tegmento de la domo. Mi ne scias la lingvon hispanan, sed per helpo de vortaro hispana-germana mi tamen komprenis iom vian leteron. Sur tiuj ĉi vastaj kaj herboriĉaj kampoj paŝtas sin grandaj brutaroj, precipe aroj da bellanaj ŝafoj. La vagonaro konsistis preskaŭ nur el personvagonoj. Oni metis antaŭ mi manĝilaron, kiu konsistis el telero, kulero, tranĉilo, forko, glaseto por brando, glaso por vino kaj telertuketo. Sur la maro staris granda ŝipo, kaj inter la ŝnuregaro sidis ĉie ŝipanoj. Lia sekvantaro staris en la posto de la loĝio. Mallumaj montegaroj baras la vojon.

Floreno, ŝilingo kaj penco estas moneroj. Sablero enfalis en mian okulon. Unu fajrero estas sufiĉa por eksplodigi pulvon.

[영어 해석]

Our country will conquer, for our army is large and brave. On a steep ladder he raised himself to the roof of the house. I do not know the Spanish language, but by help of a Spanish-German dictionary, I nevertheless understood your letter a little. On these vast and grassy fields feed great herds of beasts, especially flocks of fine-woolled sheep. The train consisted almost entirely of passenger coaches. They put before me a cover, which consisted of a plate, spoon, knife, fork, a small glass for brandy, a glass for wine, and a serviette. On the sea was a great ship, and among the rigging everywhere sat sailors. His escort stood at the back of the box. Dark ranges of mountains bar the way.

A florin, a shilling, and a penny are coins. A grain of sand fell into my eye. One spark is enough to explode gunpowder.

[우리말]

우리나라는 승리할 것입니다, 왜냐하면 우리 군대는 위대하고 용감하기 때문입니다. 그는 가파른 계단으로 집 지붕까지 올라갔습니다. 저는 스페인어를 모르지만, 스페인어-독일어 사전의 도움으로 당신의 편지를 어느 정도 이해했습니다. 이 넓고 풀이 무성한 들판에는 큰 가축 떼, 특히 아름다운 털을 가진 양 떼가 풀을 뜯고 있습니다. 기차는 거의 여객 칸으로만 구성되어 있었습니다. 제 앞에 식기 세트가 놓였는데, 접시, 숟가락, 나이프, 포크, 브랜디 잔, 와인 잔, 그리고 냅킨으로 구성되어 있었습니다. 바다에는 큰 배가 떠 있었고, 닻줄 사이에는 선원들이 앉아 있었습니다. 그의 추종자들은 객실 문간에 서 있었습니다. 어두운 산맥들이 길을 막고 있습니다.

플로린, 실링, 그리고 페니는 동전입니다. 모래 한 알이 제 눈에 들어갔습니다. 불꽃 하나만으로도 화약을 폭발시키기에 충분합니다.

LESSON 25과

접미사 -ul-
접미사 "-ul-"는 원 단어의 특성을 지닌 사람을 가리킵니다.
justa(공정한) → justulo(공정한 사람), babili(수다떨다) → babilulo(수다쟁이),
avara(탐욕스러운) → avarulo(욕심쟁이), kun(함께) → kunulo(동반자)

에스페란토	한국어	영어	에스페란토	한국어	영어
legendo	전설	legend	ombro	그림자	shadow
rajto	권리, 권한	right, authority	profeto	예언자	prophet
mensogo	거짓말	lie	tagmanĝi	점심식사하다	to dine
entrepreni	떠맡다	to undertake	propra	자기자신의	own
avara	탐욕스러운	avaricious	potenca	힘있는	powerful
infekta	전염되는	infectious	ĉe	~에서	at, with

[에스페란토 읽기 연습]

Malriĉa saĝulo tagmanĝis ĉe avara riĉulo. Malsaĝulon ĉiu batas. Li estas mensogisto kaj malnoblulo. Timulo timas eĉ sian propran ombron. Tiu ĉi maljunulo tute malsaĝiĝis kaj infaniĝis. Unu instruitulo entreprenis gravan sciencan laboron. Nur sanktuloj havas la rajton eniri tien ĉi. Li sola estas la grandulo, la potenculo. Ĝi ne estas la legendo pri la belulino Zobeido. Post infekta malsano oni ofte bruligas la vestojn de la malsanulo. La malbeno de la profeto staras super la kapo de maldankulo. Post kelkaj minutoj la kuraĝulo eliris. Ĉiuj sanktuloj, helpu!

[영어 해석]

A poor wise man dined with a miserly rich man. A fool everyone beats. He is a liar and a despicable man. A coward fears even his own shadow. This old man has become quite silly and childish. A learned man undertook an important scientific work. Only saints have the right to enter here. He only is the great, the powerful. It is not the legend about the beauty Zobeida. After an infectious disease the clothes of the patient are often burned. The curse of the prophet is over the head of an ungrateful one. After some minutes the brave man went out. All the saints, help!   우리말은 78p

LESSON 26과

아래의 단어들은 이미 앞서 한번씩 봤던 것들로, 항상 명사나 대명사 앞에 놓여서 그 명사가 가리키는 대상과 또 다른 사물이나 행동의 관계, 위치 등을 보여주는 역할을 합니다. 이런 단어를 문법 용어로 '전치사'라고 부르는데, 글자 그대로 앞에 놓인다는 뜻입니다.

에스페란토	한국어	영어	에스페란토	한국어	영어
al	~로	to, towards	apud	곁에	beside, near
da	(수량)	of	de	~의/부터/의해	of, from, by
el	~로부터	out of	en	안에	in, into, within
ekster	~의 밖에	outside	ĝis	~까지	until, as far as
inter	사이에	between, among	kontraŭ	반대로	against, opposite
kun	함께, 같이	with	laŭ	~에 따르면	according to
per	~에 의해	by means of	post	다음에	after, behind
pri	대하여	about	por	위하여	for
sen	~없이	without	super	저 위에	above, over
sur	위에	on, upon	tra	통과하여	through
trans	건너에	across	je	*(특정한 의미 없음)*	to blow
anstataŭ	대신에	instead of	antaŭ	앞에	before
ĉe	~에서	at, with	ĉirkaŭ	주변에, 대략	about, around
krom	~외에, 뿐만 아니라	besides, except	malgraŭ	불구하고	in spite of
po	~씩 (비율)	at the rate of	pro	때문에	for, owing to
preter	옆에, 곁에	past, beyond	spite	불구하고	in despite of
sub	아래에	under			

전치사 anstataŭ, antaŭ, por는 부정사(동사 "-i"형)를 뒤에 둘 수도 있습니다.
anstataŭ diri : instead of saying (말하는 대신에)
antaŭ ol paroli : before speaking (말하기 전에)
por lerni : in order to learn (공부하기 위해서)

에스페란토에서는 "je"를 제외한 모든 전치사가 정해진 의미를 갖기 때문에, 정확한 의미를 전달하는 전치사를 사용하도록 주의를 기울여야 합니다. 참고로 아래의 예문 비교를 한번 보시면 영어에서는 하나의 전치사가 복수의 의미를 갖는 경우가 꽤 많음을 알 수 있습니다.

  Li iris kun sia patro. ← He went with his father. (아버지와 함께)
  Li tranĉis ĝin per tranĉilo. ← He cut it with a knife. (칼로)
  Li parolis pri sia infano. ← He spoke about his child. (아이에 대해)
  Ili staris ĉirkaŭ la forno. ← They stood about the stove. (난로 주변에)

간혹 상황에 딱 들어맞는 전치사를 고르기가 어려울 때가 있는데, 이런 경우에는 에스페란토에서 유일하게 고유한 의미를 가지지 않는 전치사 "je"를 대신 사용하거나, 아예 전치사를 생략하고 명사 혹은 대명사에 "-n"를 추가하는 방식을 쓰면 됩니다. 다만 이는 정확성에 문제가 없는 경우에 한합니다. (27과를 참고하세요)

Mi ridas pro lia naiveco / Mi ridas je lia naiveco / Mi ridas lian naivecon.
: I laugh at his simplicity. (나는 그의 순진함에 웃는다)

행동의 방향성을 표현하고자 하는데 전치사만으로는 그 의미를 전달하지 못하는 경우, 12과에서 부사에 "-n"를 덧붙였던 것과 마찬가지로 전치사 뒤의 명사 혹은 대명사에 "-n"를 추가하면 됩니다.

Li estas en la domo. : He is in the house. (그는 집에 있다)
Li iras en la domon. : He is going into the house. (그는 집으로 들어간다)

[보충 설명]
명사나 대명사에 "-n"를 사용하는 데에는 세 가지 경우가 있습니다.
타동사의 직접목적어일 때
Mi vidis lin. : I saw him. (나는 그를 보았다)
방향을 보여줄 때
Li iris en la ĝardenon. : He went into the garden. (그는 정원으로 들어갔다)
전치사가 생략되는 경우 (대개는 날짜나 경과기간을 표현할 때)
Georgo Vaŝington estis naskita la dudek-duan de Februaro de la jaro 1732.
: George Washington was born the 22nd of February, 1732.
(조지 워싱턴은 1732년 2월 22일에 태어났다)
Vi restos tie ĉi la tutan vivon (= dum la tuta vivo)
: You will remain here your whole life. (당신은 여기에 평생 동안 남아 있을 것이다)

모든 전치사는 의미상 문제가 없다면 해당하는 어미를 덧붙여서 형용사, 부사로도 활용 가능합니다.
antaŭ(앞에) → antaŭa(앞의), antaŭe(앞서/이전에), antaŭen(앞으로)

전치사는 다른 단어 혹은 접두사나 접미사와도 결합할 수가 있습니다.
antaŭdiri(예견하다), apudmara urbo(해변 도시), senigi(빼앗다)
간혹 전치사는 동사에 접두사로 결합하면서 동시에 바로 뒤에 이어지는 명사 앞에서 전치사로 다시 활용되기도 합니다.
Li eliris el la domo, kaj eniris en la ĝardenon.
: He went out of the house, and entered into the garden. (그는 집에서 나와서, 정원으로 들어갔다)

LESSON 27과

al

　　al은 사람 혹은 사물을 향하는 의미를 지닙니다. 특히 목적어를 2개 가지는 동사(영어의 give, tell 같은)의 경우 그 동사의 바로 뒤 그리고 대상이 되는 사람 혹은 인칭대명사 앞 사이에 놓일 수 있습니다.

　　Donu al li la libron. : Give him the book. (그에게 책을 주시오)
　　Diru al li la veron. : Tell him the truth. (그에게 진실을 말하시오)
　　Skribu al li leteron. : Write him a letter. (그에게 편지를 쓰시오)

　　이런 경우들 중에 두 번째 목적어가 딱히 없다면 al 없이 목적어 하나만 써서 "Pardonu lin"(그를 용서하시오)처럼 할 수 있다. 다만 영어에서는 "Forgive him his fault"라고 두 개의 목적어를 똑같이 나열할 수 있는 것과 달리 에스페란토로는 "Pardonu lin la kulpon"은 성립되지 않습니다. 에스페란토에서는 "al"을 써서 대상이 되는 사람을 명확히 해서 "Pardonu al li la kulpon"이라고 해줘야 합니다.

　　그리고 대명사와 "al"을 함께 써서 "mia"같은 소유격 형용사의 효과를 대신 내는 것도 가능합니다.

　　Mi tranĉis al mi la fingron. = Mi tranĉis mian fingron
: I cut my finger. (나는 손가락을 베였다)

　　Ŝi kombis al si la harojn. = Ŝi kombis siajn harojn
: She combed her hair. (그녀는 자기 머리카락을 빗었다)

al은 동사 다음뿐만 아니라 접두사로도 빈번하게 사용됩니다.
aldoni(추가하다), alpreni(받아들이다), aliĝi(참가하다/붙이다), aljuĝi(수여하다)

에스페란토	한국어	영어	에스페란토	한국어	영어
sorĉisto	마법사	sorcerer	detranĉi	잘라내다	to cut off
promesi	약속하다	to promise	ambaŭ	둘 다	both

[에스페란토 읽기 연습]

　　Ŝi revenis al la palaco de sia patro. Ili ambaŭ iris al la urbestro. Ĉu mi ne faris al vi bonon? Ŝi nenion al ili rakontis. Ŝi skribis al li leteron. Ĉiutage li instruas al la homoj ion, kion ili ne scias. Ili flugis al la suno. Unu fratino promesis al la alia rakonti al ŝi, kion ŝi vidis kaj kio la plej multe plaĉis al ŝi en la unua tago. Eble li al vi pardonos. Ŝi ne kredis al siaj propraj oreloj. Li ne sciis, ke al ŝi li devas danki la vivon. Ŝi savis al li la vivon. La sorĉistino detranĉis al la virineto de maro la langon.

[영어 해석]

She returned to her father's palace. They both went to the mayor. Did I not do good to you? She told him nothing. She wrote him a letter. He every day teaches people something which they do not know. They flew towards the sun. One sister promised the other to tell her what she saw, and what most pleased her the first day. Perhaps he will forgive you. She did not believe her own ears. He did not know that he had to thank her [for] his life. She saved his life. The witch cut off the tongue of the mermaid.

[우리말]

그녀는 아버지의 궁전으로 돌아왔습니다. 그들 둘 다 시장에게 갔습니다. 제가 당신에게 좋은 일을 하지 않았나요? 그녀는 그들에게 아무것도 말해주지 않았습니다. 그녀는 그에게 편지를 썼습니다. 매일 그는 사람들에게 그들이 모르는 무언가를 가르쳐줍니다. 그들은 태양으로 날아갔습니다. 한 자매가 다른 자매에게 첫째 날에 무엇을 보았고 무엇이 가장 마음에 들었는지 말해주겠다고 약속했습니다. 아마 그는 당신을 용서할 것입니다. 그녀는 자신의 귀를 믿지 않았습니다. 그는 자신이 그녀에게 생명의 빚을 져야 한다는 것을 몰랐습니다. 그녀가 그의 목숨을 구했습니다. 마녀는 바다의 작은 여인에게서 혀를 잘라냈습니다.

[우리말] 25과

가난한 현자가 인색한 부자의 집에서 점심을 먹었습니다. 바보는 누구에게나 맞습니다. 그는 거짓말쟁이이자 비열한 사람입니다. 겁쟁이는 자신의 그림자조차 두려워합니다. 이 노인은 완전히 바보가 되었고 어린아이처럼 변했습니다. 한 학자가 중요한 과학 연구를 맡았습니다. 성인만이 이곳에 들어올 권리가 있습니다. 그만이 위대한 사람이자 강력한 사람입니다. 그것은 아름다운 조베이다 공주에 대한 전설이 아닙니다. 전염병을 앓은 후에는 종종 병자의 옷을 태웁니다. 예언자의 저주는 배은망덕한 사람의 머리 위에 있습니다. 몇 분 후 용감한 사람이 나왔습니다. 모든 성인들이여, 도와주소서!

LESSON 28과

ĉe, apud

ĉe는 어떤 장소, 시간 혹은 관점이나 요점을 가리킵니다.
Li estis ĉe mia patro. : He was with my father. (그는 내 아버지에게 가 있었다)
ĉe la momento : at the moment (지금으로서는)
Li estis ĉe la pordo : He was at the door. (그는 문에 있었다)
ĉeesti(참석하다)
apud는 장소에만 쓰이며, 뜻은 "가까이", "곁에" 정도가 됩니다.
La knabo staris apud la patro. : The boy stood by the father.
(소년은 아버지 곁에 서 있었다)

에스페란토	한국어	영어	에스페란토	한국어	영어
fundo	바닥	bottom	brako	팔	arm
torĉo	횃불	torch	serpento	뱀	serpent
statuo	동상	statue	saliko	버드나무	willow
halti	멈추다	to stop, halt	rampi	기어가다	to creep, crawl
planti	심다	to plant	multekosta	값비싼	precious
aŭ ... aŭ	~또는~	either ... or			

[에스페란토 읽기 연습]

Mi loĝis ĉe ŝia patro. Ĝi falis sur la fundon de la maro ĉe la rompiĝo de la ŝipo. Ĉe lumo de torĉoj. Brako ĉe brako. Kaptis lin kelka timo ĉe la penso. Nenio helpas; oni devas nur kuraĝe resti ĉe sia opinio. Ŝi ridis ĉe lia rakontado. Ĉe ĉiu vorto, kiun vi diros, el via buŝo eliros aŭ floro aŭ multekosta ŝtono. Li haltis apud la pordo. La serpento rampis apud ŝiaj piedoj. Kiam li estis ĉe mi, li staris tutan horon apud la fenestro. Mi loĝis en arbo apud via domo. Ŝi plantis apud la statuo roza-ruĝan salikon. La apudvojaj arboj.

[영어 해석]

I lived with her father. It fell to the bottom of the sea on the breaking up of the ship. By the light of torches. Arm in arm. There seized him some fear at the thought. Nothing helps; one must only bravely remain of one's opinion. She laughed at his recital. At every word which you speak, out of your mouth will come either a flower or a precious stone. He stopped near the door. The serpent crawled about her feet. When he was with me, he stood a whole hour by the window. I lived in a tree near your house. She planted near the statue a rose-red willow. The wayside trees.

우리말은 81p

LESSON 29과

en

en은 안(內)이라는 뜻이며, 뒤따르는 동사에 "-n"가 붙으면 안으로의 방향성까지 의미하게 됩니다.

　　Kie vi estas? Mi estas en la domo.
: Where are you? I am in the house. (어디에 있어요? 집 안에 있어요)

　　Kien vi iras? Mi iras en la ĝardenon.
: Where are you going? I am going into the garden.
　　(어디로 가나요? 정원 안으로 가요)

　　Malamiko venis en nian landon.
: An enemy came into our country. (적이 우리 나라로 쳐들어왔다)

에스페란토	한국어	영어	에스페란토	한국어	영어
Hispanio	스페인	Spain	humoro	기분	humour
paco	평화	peace	pinglo	핀	pin
naskotago	생일	birthday	faruno	밀가루	flour
parto	부분	part	mueli	갈다	to grind
turni	돌리다	to turn	dividi	나누다	to divide
do	그래서	then	ĝuste	바로	exactly, just
kvazaŭ	마치	as if			

[에스페란토 읽기 연습]

La birdo flugas en la ĉambro. La birdo flugas en la ĉambron. Mi vojaĝas en Hispanio. Mi vojaĝas en Hispanion. Kion do fari en tia okazo? Mi estas en bona humoro. Li murmuretis al la reĝino en la orelon. En sekvo de tiu ĉi okazo. Mi preferus resti en paco tie ĉi. Ŝia naskotago estis ĝuste en la mezo de vintro. Li ekrigardis en la okulojn de la infano. Li estis bela granda viro en la aĝo de kvardek jaroj. En la daŭro de mia tuta vivo. En la fino de la jaro. Mano en mano. Enirinte en la vagonon, ŝi sidis kvazaŭ sur pingloj. La greno mueliĝas en farunon. Aleksandro turniĝis en polvon. Li dividis la pomon en du partojn.

[영어 해석]

The bird flies in the room. The bird flies into the room. I am travelling in Spain. I am travelling to Spain. What to do then in such a case? I am in a good temper. He whispered to the queen in the ear. In consequence of this occurrence. I should prefer to stay here in peace. Her birthday was exactly in the middle of winter. He glanced into the child's eyes. He was a tall handsome man of the age of forty years. In the whole of my life. At the end of the year. Hand in hand. Entering the carriage, she sat as if on pins. Corn is ground into flour. Alexander turned into dust. He divided the apple into two parts.

[우리말]

새가 방 안에서 날아다닙니다. 새가 방 안으로 날아갑니다. 저는 스페인에서 여행 중입니다. 저는 스페인으로 여행 갑니다. 그런 경우에 무엇을 해야 할까요? 저는 기분이 좋습니다. 그는 여왕의 귀에 속삭였습니다. 이 사건의 결과로. 저는 이곳에서 평화롭게 지내고 싶습니다. 그녀의 생일은 겨울 한가운데였습니다. 그는 아이의 눈을 바라보았습니다. 그는 마흔 살의 잘생기고 큰 남자였습니다. 제 평생 동안. 연말에. 손에 손을 잡고. 마차에 들어가자, 그녀는 마치 바늘 위에 앉아 있는 듯했습니다. 곡식은 밀가루로 갈립니다. 알렉산더는 먼지로 변했습니다. 그는 사과를 두 조각으로 나누었습니다.

[우리말] 28과

저는 그녀의 아버지 곁에서 살았습니다. 배가 난파될 때 바다 밑바닥으로 가라앉았습니다. 햇불 빛으로. 팔짱을 끼고. 그는 그 생각에 약간의 두려움을 느꼈습니다. 아무것도 도움이 되지 않습니다. 그저 용기 있게 자신의 의견을 고수해야 합니다. 그녀는 그의 이야기를 듣고 웃었습니다. 당신이 말하는 모든 단어에서, 꽃이나 값비싼 보석이 당신의 입에서 나올 것입니다. 그는 문 옆에 멈춰 섰습니다. 뱀이 그녀의 발 옆을 기어갔습니다. 그가 제 옆에 있을 때, 그는 한 시간 내내 창문 옆에 서 있었습니다. 저는 당신 집 옆에 있는 나무에 살았습니다. 그녀는 동상 옆에 장미색 버드나무를 심었습니다. 길가의 나무들.

LESSON 30

inter, ekster, el
inter는 "중에서", "사이에"라는 의미이며, 대부분 접두사로 쓰입니다.
interparoli(대화하다), internacia(국제적인), interkonsento(협약),
sin intermeti(간섭/참견하다)

ekster는 "밖으로", "밖에서"의 뜻이며, 마찬가지로 접두사로도 사용됩니다.
ekster danĝero(위험을 벗어나), eksterordinara(비상한)

el은 "~로부터"입니다.
장소에 쓰이면 동작을 뜻하게 됩니다.
Mi eliris el la domo. : I went out of the house. (나는 집 밖으로 나갔다)
여럿 중에서의 선택 혹은 일부란 뜻도 있습니다.
unu el miaj infanoj : one of my children (내 아이들 중 하나)
만들어진 원재료를 가리키기도 합니다.
Tiu ĉi ŝtofo estas farita el lano. : This cloth is made of wool.
(이 옷감은 양털로 만들어졌다)

참고로 el이 접두사로 쓰일 때는 "완전히", "철저하게"라는 뜻이 됩니다.
elfosi(파내다), ellerni(다 배우다)

에스페란토	한국어	영어	에스페란토	한국어	영어
kolono	세로, 열	column, pillar	marmoro	대리석	marble
figuro	모양	figure	muro	벽	wall
kanapo	안락의자	sofa	arto	예술, 기술	art
viveco	생기, 활기	liveliness	krono	왕관	crown
uzo	사용	use	okazo	경우, 기회	occasion
alfabeto	알파벳	alphabet	dividi	나누다	to divide
produkti	생산하다	to produce	interne	안에	inside

[에스페란토 읽기 연습] Inter Rusio kaj Francio estas Germanio. Ili dividis inter si dek du pomojn. Inter la deka kaj dekunua horo matene. Inter la kolonoj staris marmoraj figuroj. Apud la muro inter la fenestroj staris kanapo. Longe ili parolis inter si. Ĉe tiu ĉi malsano unu horo povas decidi inter vivo kaj morto. En la intertempo inter la paroloj oni produktas artajn fajrojn.

Mi staras ekster la domo, kaj li estas interne. Li estas ekster la pordo. Nun ni estas ekster danĝero. Li loĝas ekster la urbo. Starante ekstere, li povis vidi nur la eksteran flankon de nia domo. Li montris eksteren en la mallumon. Mi lasis lin ekstere. La ekstero de tiu ĉi homo estas pli bona, ol lia interno.

Li eliris el la urbo. Li estas ĵus reveninta el la eksterlando. Kun eksterordinara viveco ŝi elsaltis el la vagono. Ŝi metis al ŝi kronon el blankaj lilioj sur la harojn. Li faris uzon el la okazo. Tiuj ĉi nestoj estas farataj tute el tero. Ŝi estis la plej kuraĝa el ĉiuj. Jen vi elkreskis! Li eliris el la dormoĉambro, kaj eniris en la manĝoĉambron. La esperanta alfabeto konsistas el dudek ok literoj.

[영어 해석] Between Russia and France is Germany. They divided among them twelve apples. Between ten and eleven o'clock in the morning. Between the pillars stood marble figures. Near the wall between the windows stood a sofa. They talked long among themselves. In this disease an hour may decide between life and death. In the interval between the speeches they set off fireworks. I am standing outside the house, and he is inside. He is outside the door. Now we are out of danger. He lives outside the town. Standing outside, he could only see the outer side of our house. He pointed outside into the darkness. I left him outside. This man is better outwardly than within.

He went out of the town. He has just returned from foreign parts. With extraordinary vivacity she jumped out of the train. She put a crown of white lilies on her head. He made use of the opportunity. These nests are made wholly of earth. She was the bravest of all. Now you have grown up! He went out of the bedroom, and entered into the dining-room. The Esperanto alphabet consists of twenty-eight letters.

[우리말] 러시아와 프랑스 사이에 독일이 있습니다. 그들은 열두 개의 사과를 서로 나누었습니다. 오전 10시와 11시 사이. 기둥 사이에는 대리석 조각상들이 서 있었습니다. 벽 옆, 창문 사이에 소파가 있었습니다. 그들은 서로 오랫동안 이야기했습니다. 이 질병에서는 한 시간이 삶과 죽음을 결정할 수 있습니다. 연설 사이에는 인공 불꽃을 만듭니다. 저는 집 밖에 서 있고, 그는 안에 있습니다. 그는 문 밖에 있습니다. 이제 우리는 위험에서 벗어났습니다. 그는 도시 밖에 삽니다. 밖에 서서, 그는 우리 집의 바깥쪽 면만 볼 수 있었습니다. 그는 밖으로 어둠 속을 가리켰습니다. 저는 그를 밖에 두었습니다. 이 사람의 외모는 그의 내면보다 낫습니다.

그는 도시를 떠났습니다. 그는 방금 해외에서 돌아왔습니다. 그녀는 특별한 생기로 마차에서 뛰어내렸습니다. 그녀는 머리에 흰 백합으로 만든 화관을 썼습니다. 그는 그 기회를 활용했습니다. 이 둥지들은 전적으로 흙으로 만들어졌습니다. 그녀는 모든 사람 중에서 가장 용감했습니다. 자, 당신은 자랐습니다! 그는 침실을 나와서 식당으로 들어갔습니다. 에스페란토 알파벳은 스물여덟 개의 글자로 구성되어 있습니다.

LESSON 31과

sur, super, sub

sur는 바로 "위(on, upon)"를 의미하며, 뒤의 명사에 목적격 "-n"가 붙으면 방향성을 지닌 "위로"의 뜻이 됩니다.

    Li sidas sur la kanapo. : He is sitting on the sofa. (그는 소파 위에 앉아 있다)
    Sidiĝu sur la kanapon. : Sit down on the sofa. (소파 위로 앉아라)
    influi sur la karakteron : to have influence on the character
      (성격에 영향을 미침)

super는 떨어진 "위(over, above)"를 가리키며, 마찬가지로 "-n"가 뒤따르면 그 위로의 방향성을 지니게 됩니다.

    Super la maro flugis la nuboj. : Over the sea floated the clouds.
      (바다 위에 구름이 흘러갔다)
    Li ĵetis ŝtonon super la muron. : He threw a stone over the wall.
      (그는 벽 위로 돌을 던졌다)

sub는 "아래(under)"를 뜻하며, 동일하게 "-n"로 방향성을 부여할 수 있습니다.

    La hundo kuŝis sub la tablo. : The dog lay under the table.
      (개가 테이블 아래에 누워 있었다)
    La hundo kuris sub la tablon. : The dog ran under the table.
      (개가 테이블 아래로 달려갔다)

에스페란토	한국어	영어	에스페란토	한국어	영어
aero	공기	air	sono	소리	sound
benko	벤치	bench	kato	고양이	cat
lito	침대	bed	frukto	과일	fruit
genuo	무릎	knee	muso	쥐	mouse
muziko	음악	music	ponto	다리(橋)	bridge
sofo	소파	sofa	supraĵo	표면	surface
ŝultro	어깨	shoulder	ferdeko	갑판	deck
balanci	흔들다	to swing	frapi	때리다	to strike, slap
influi	영향을 미치다	to influence	premi	누르다	to press
naĝi	수영하다	to swim	forestanta	부재중의	absent
nobla	고상한	noble	alta	높은	high

[에스페란토 읽기 연습] Mi sidas sur seĝo kaj tenas la piedojn sur benketo. Li revenis kun kato sur la brako. Mi metis la manon sur la tablon. Li falis sur la genuojn. Ne iru sur la ponton. Li ĵetis sin malespere sur seĝon. Li frapis lin sur la ŝultron, kaj premis lin malsupren sur la sofon. Mi sidigis min sur la lokon de la forestanta hejtisto. La fruktoplantado devas influi noblige sur tiujn, kiuj sia okupas je ĝi. Super la tero sin trovas aero. Liaj pensoj alte leviĝis super la nubojn. Ŝi ricevis la permeson sin levi super la supraĵon de la maro. Ili povis sin levi sur la altajn montojn alte super la nubojn. Li staras supre sur la monto kaj rigardas malsupren sur la kampon. Ŝi sidis sur la akvo kaj balanciĝis supren kaj malsupren. El sub la kanapo la muso kuris sub la liton, kaj nun ĝi kuras sub la lito. Ŝi ofte devis naĝi sub la akvon. Sub la sonoj de muziko ili dancis sur la ferdeko. Ekfloris sub ŝia rigardo la blankaj lilioj. Ŝi subiĝis sub la akvon. Ŝi suprennaĝis ĉe la subiro de la suno.

[영어 해석] I am sitting on a seat and have my feet on a little bench. He came back with a cat on his arm. I put my hand on the table. He fell on his knees. Do not go on the bridge. He threw himself in despair on a seat. He slapped him on the shoulder and pressed him down on to the sofa. I seated myself in the place of the absent stoker. Fruit-culture must influence for good those who are occupied with it. Over the earth is air. His thoughts rose high above the clouds. She received permission to rise above the surface of the sea. They could rise on the high mountains high above the clouds. He stands above on the mountain, and looks down on to the field. She sat on the water and swung up and down. From under the sofa the mouse ran under the bed, and now it runs [about] under the bed. She often had to dive under the water. To the sound of music they danced on the deck. Under her gaze blossomed the white lilies. She sank under the water. She swam up at sunset.

[우리말] 저는 의자에 앉아 발을 작은 의자에 올려놓고 있습니다. 그는 고양이를 팔에 안고 돌아왔습니다. 저는 손을 탁자 위에 놓았습니다. 그는 무릎을 꿇고 쓰러졌습니다. 다리 위로 가지 마세요. 그는 절망적으로 의자 위로 몸을 던졌습니다. 그는 그의 어깨를 두드리고, 소파 아래로 그를 눌렀습니다. 저는 부재중인 난방공의 자리에 앉았습니다. 과일 재배는 그것에 종사하는 사람들에게 고상한 영향을 미쳐야 합니다.

땅 위에는 공기가 있습니다. 그의 생각은 구름 위로 높이 솟아올랐습니다. 그녀는 바다 표면 위로 떠오를 허락을 받았습니다. 그들은 높은 산 위로, 구름 위로 높이 떠오를 수 있었습니다. 그는 산 꼭대기에 서서 들판을 내려다봅니다. 그녀는 물 위에 앉아 위아래로 흔들렸습니다. 소파 밑에서 쥐가 침대 아래로 달려갔고, 이제 그것은 침대 아래에서 달려갑니다. 그녀는 종종 물 속으로 헤엄쳐야 했습니다. 음악 소리 아래 그들은 갑판에서 춤을 추었습니다. 그녀의 시선 아래에서 흰 백합이 피어났습니다. 그녀는 물 속으로 잠수했습니다. 그녀는 해가 질 때 물 위로 헤엄쳐 올라왔습니다.

LESSON 32과

tra, trans, preter

tra는 통과한다는 뉘앙스입니다. (through)

tra la truo : through the hole (구멍을 통해)

tra la mondo : through the world (전 세계에)

trans는 반대편, 건너편을 의미하며, 뒤이어 목적격 "-n"를 사용하면 동작성이 부여됩니다. (across)

Li loĝas trans la rivero. : He lives on the other side of the river.
 (그는 강 반대편에 산다)

Li naĝis trans la riveron. : He swam to the other side of the river.
 (그는 강 건너편으로 헤엄쳐갔다)

preter는 "지나서", "넘어서"의 의미를 갖는데, 뒤에서 나타나 앞으로 건너간다는 뉘앙스를 전달합니다. (past, by, beyond)

Mi pasis preter via frato. = Mi preterpasis vian fraton.
: I passed your brother. (나는 당신의 형을 지나쳐 갔다)

tra, trans, preter 이 셋의 차이점은 다음의 예문을 보면 분명해집니다.

Trapasinte la arbaron, li preterpasis la preĝejon kaj tiam transpasis la riveron per la ponto.
: Having passed through the wood, he passed by the church, and then passed over the river by the bridge. (그 숲을 통과해서, 그는 교회를 지나쳤고, 그리고서 다리로 강을 건너갔다)

에스페란토	한국어	영어	에스페란토	한국어	영어
kameno	난로	hearth, fireside	poto	냄비	pot
kaldrono	솥	cauldron	vaporo	수증기	steam, vapour
hirundo	제비	swallow	tunelo	터널	tunnel
oceano	대양(大洋)	ocean	momento	순간	moment
abato	수도원장	abbot	penetri	침투하다	to penetrate
boli	끓다	to boil	turni	돌리다	to turn
larĝa	넓은	wide, broad			

[에스페란토 읽기 연습]

Li estas tiel dika, ke li ne povas trairi tra nia mallarĝa pordo. Ŝi rigardis supren tra la mallume-blua akvo. Tra la palruĝa aero lumis la stelo de la vespero. La sonado de la soniroloj trapenetras malsupren al ŝi. Ili traglitas inter la branĉoj. Sur la kameno inter du potoj staras fera kaldrono; el la kaldrono, en kiu troviĝas bolanta akvo, eliras vaporo; tra la fenestro, kiu troviĝas apud la pordo, la vaporo iras sur la korton.

La hirundo flugis trans la riveron, ĉar trans la rivero troviĝis aliaj hirundoj. Ili povas flugi sur ŝipoj trans la maron. "Kial Hanibalo iris trans la Alpojn? Ĉar tiam la tunelo ne estis ankoraŭ preter." Estas neeble, ke ili estu transirintaj trans la oceanon. Ĉio transturniĝis la fundo supren.

Ni pasis preter la stacio. En tiu ĉi momento preteriras la abato. Preterirante, mi demandis lin, ĉu jam estas la dekdua horo. La muelilo ne povas mueli per akvo preterfluinta.

[영어 해석] He is so stout that he cannot go through our narrow door. She looked up through the dark-blue water. Through the roseate air shone the evening star. The sound of the bells penetrates down to her. They glide among the branches. On the fireplace between two pots stands an iron kettle; out of the kettle, in which is boiling water, goes steam; through the window, which is near the door, the vapour goes into the court.

The swallow flew across the river, for across the river were other swallows. They can fly on ships across the sea. "Why did Hannibal go across the Alps? Because then the tunnel was not yet ready." It is impossible that they should have gone across the ocean. Everything was turned upside down.

We passed by the station. At this moment the abbot passes by. In passing, I asked him if it were yet twelve o'clock. The mill cannot grind with the water that is past.

[우리말] 그는 너무 뚱뚱해서 우리 좁은 문을 통과할 수 없습니다. 그녀는 어두운 푸른 물을 뚫고 위를 바라보았습니다. 옅은 붉은 공기를 통과하여 저녁 별이 빛났습니다. 종소리가 그녀에게 아래로 울려 퍼집니다. 그들은 나뭇가지 사이로 미끄러져 지나갑니다. 벽난로에 두 개의 냄비 사이에 쇠 주전자가 있습니다. 끓는 물이 있는 주전자에서 증기가 나옵니다. 문 옆에 있는 창문을 통해 증기가 마당으로 나갑니다.

제비는 강 건너편으로 날아갔습니다. 왜냐하면 강 건너편에 다른 제비들이 있었기 때문입니다. 그들은 배를 타고 바다를 건너 날아갈 수 있습니다. "한니발은 왜 알프스를 넘어갔을까요? 그 당시에는 아직 터널이 없었기 때문입니다." 그들이 대양을 건너갔을 리가 없습니다. 모든 것이 뒤집혔습니다.

우리는 역을 지나쳤습니다. 이 순간 주지사가 지나갑니다. 지나가면서 저는 그에게 12시인지 물었습니다. 물레방아는 흘러간 물로는 빻을 수 없습니다.

LESSON 33과

antaŭ, post

antaŭ는 시간 혹은 장소 어느 쪽이든 모두 "앞"(before)을 가리킵니다.
참고로 동사를 뒤에 둘 경우에는 "antaŭ ol"이라고 써야 합니다.
Ni revenos antaŭ Mardo. : We shall return before Tuesday.
 (화요일 전에 돌아갈 것이다)
antaŭ la domo : before the house (집 앞에서)
Lavu vin, antaŭ ol manĝi. : Wash before eating. (먹기 전에 씻어라)

반대로 post는 시간이든 장소든 모두 "뒤"(after, behind)를 가리킵니다.
여기서 주의할 점은 antaŭ와 post를 써서 문장을 구성할 때에는 그것이 시간을 의미하는지 아니면 장소를 의미하는지 정확히 해야 한다는 것입니다. 예를 들어, 영어에서는 "He came before his father"라고 하면 장소와 시간 둘 중 어느 것인지 혼선이 있을 수가 있는데, 에스페란토에서는 이를 피하도록 해야 합니다.
(장소) Li venis antaŭ sia patro. → 아버지 앞에 그가 왔다.
(시간) Li venis antaŭ ol lia patro (venis). → 아버지보다 전에 그가 왔다.
(장소) Li venis post sia patro. → 아버지 뒤에 그가 왔다.
(시간) Li venis post, kiam lia patro venis. 아버지가 온 다음에 그가 왔다.
지난 시간을 표현할 때에도(영어의 "ago"처럼) antaŭ를 활용하면 됩니다.
antaŭ tri tagoj(3일 전에), antaŭ longe(오래 전에), antaŭ nelonge(얼마 전에)
다가오는 미래를 표현할 때에는(영어의 "in"처럼) post를 사용합니다.
Mi venos post tri tagoj. : I will come in three days. (3일 후에 오겠다)
post nelonge : in a short time (잠시 후에)

에스페란토	한국어	영어	에스페란토	한국어	영어
preĝejo	교회	church	ordo	순서, 정돈	order
riĉeco	부(富)	wealth	paŝo	걸음	step
paĝo	쪽수	page	veki	깨우다	to waken
balai	쓸다	to sweep	raŭka	목쉰	hoarse
avida	갈망하는	eager, greedy	ofte	자주	often
publike	공개적으로	publicly			

[에스페란토 읽기 연습]

Antaŭ ili staris preĝejo. Antaŭ tiuj homoj estas inde paroli. Ofte en la nokto ŝi staris antaŭ la fenestro. Mi estas peka antaŭ vi. Antaŭ unu horo. Antaŭ mallonge li vekiĝis tre raŭka. Antaŭ nelonge oni vendis la domon publike. Ne iru, antaŭ ol vi scias, ke ĉio estas en ordo. Mi devos lasi ilin elbalai la ĉambron, antaŭ ol ni komencos danci. Mi estis tie en la antaŭa jaro. Antaŭe mi neniam pensis pri riĉeco. Estis al ŝi, kiel la sorĉistino antaŭdiris.

Li restis post la pordo. Iom post iom. Ŝi komencis avide legi paĝon post paĝo. Ŝi rigardis post lin kun rideto. Post kelkaj minutoj leviĝis la suno. Ŝi ĵetis siajn brakojn posten kaj antaŭen. Ni restos kelkajn semajnojn en Parizo; poste ni vojaĝos en Germanion.

[영어 해석]

Before them stood a church. Before such men it is worth while to speak. Often in the night she stood before the window. I am guilty towards you. An hour ago. A short time ago he woke up very hoarse. Not long ago the house was sold publicly. Do not go before you know that everything is in order. I must let them sweep out the room before we begin to dance. I was there the previous year. Formerly I never thought about wealth. It was with her as the witch prophesied.

He remained behind the door. Little by little. She began eagerly to read page after page. She looked after him with a smile. After some minutes the sun rose. She threw her arms backwards and forwards. We shall stay some weeks in Paris; afterwards we shall travel into Germany.

[우리말]

그들 앞에는 교회가 서 있었습니다. 그 사람들 앞에서 이야기하는 것은 합당합니다. 밤에 그녀는 종종 창문 앞에 서 있었습니다. 저는 당신 앞에서 죄인입니다. 한 시간 전에. 얼마 전에 그는 매우 목이 쉬어 일어났습니다. 얼마 전에 그 집은 공개적으로 팔렸습니다. 모든 것이 정리되었는지 알기 전에는 가지 마십시오. 우리가 춤을 추기 전에 그들에게 방을 쓸게 해야 할 것입니다. 저는 작년에 그곳에 있었습니다. 이전에 저는 부에 대해 한 번도 생각한 적이 없었습니다. 마녀가 예언한 대로 그녀에게 일어났습니다.

그는 문 뒤에 머물렀습니다. 점차적으로. 그녀는 게걸스럽게 페이지마다 읽기 시작했습니다. 그녀는 웃으며 그의 뒤를 바라보았습니다. 몇 분 후에 해가 떴습니다. 그녀는 팔을 뒤로, 앞으로 던졌습니다. 우리는 파리에서 몇 주 머무를 것입니다. 그 후에 우리는 독일로 여행할 것입니다.

LESSON 34과

dum, ĝis, ĉirkaŭ

dum은 "동안"이라는 뜻입니다.

전치사일 때의 dum은 아예 생략할 수도 있으며, 접속사일 경우에는 주로 문장의 앞에서 사용됩니다. (during, while)

dum mia tuta vivo (내 일생 동안) = en la daŭro de mia tuta vivo
 (내 인생 내내)

La tutan tagon mi laboradis. : I used to work all day long.
 (하루 종일 나는 일해왔습니다)

dume (그 동안에)

ĝis는 "~까지"의 뜻을 갖습니다. (till, until, up to, as far as)
Atendu ĝis Sabato. : Wait until Saturday. (토요일까지 기다리세요)
Iru ĝis la rivero. : Go as far as the river. (강까지 가세요)

ĉirkaŭ는 대략, 주변, 근처 등의 의미입니다. (about, around, somewhere near)
Ili ludis ĉirkaŭ la arbo. : They played around the tree.
 (그들은 나무 주변에서 놀았습니다)
Ĉirkaŭ Majo ni foriros. : About May we shall go away.
 (5월 즈음에 우리는 떠날 것입니다)

에스페란토	한국어	영어	에스페란토	한국어	영어
koncerto	콘서트	concert	flanko	옆, 측면	side
sorto	운명	fate	radio	광선, 빛	ray
kupolo	둥근 지붕(돔)	cupola, dome	rublo	루블(화폐)	rouble
etaĝo	층(層)	story	doloro	고통, 통증	pain, ache
vitro	유리	glass	globo	구체(球體)	globe
kolekti	모으다	to collect	prepari	준비하다	to prepare
pesi	(무게) 재다	to weigh	ekzisti	존재하다	to exist
perei	죽다, 사라지다	to perish	proksime	가까이	near to

[에스페란토 읽기 연습]

Dum la tuta tago (= la tutan tagon) li restis sola. Dum kelkaj monatoj, ŝi ne eliradis el sia ĉambro. Li dormis dum la tuta koncerto (= la tutan koncerton). Dum daŭris la preparoj, li estis gasto ĉe la reĝo. Dum li veturas sur la vojo al Grenada, en Santa Fé estas decidata lia sorto.

Ili laboradis ĝis profunda nokto. La telero de la pesilo malleviĝis ĝis la tero. Ĝiaj radioj sin levadis ĝis la kupolo. Pruntu al mi dek rublojn ĝis morgaŭ. Li laboradis de frua mateno ĝis malfrua nokto. Li batalos ĝis la fino mem. Ni levadis nin ĉiam pli kaj pli alte ĝis la kvara etaĝo. Ĝi ekzistos ĝis la mondo pereos. La reĝo venis ĉirkaŭ tagmezo en la vilaĝon Reading. Ĉirkaŭ la mateno la ventego finiĝis. Estos sufiĉe ĉirkaŭ dek metroj. Ĉiuj kolektiĝis ĉirkaŭ la vitra globo. Oni povas rigardi tre malproksime ĉirkaŭe. Ĉirkaŭe naĝis grandaj montoj de glacio. Li rigardis ĉirkaŭen sur ĉiuj flankoj.

[영어 해석]

During the whole day he remained alone. During some months she did not leave her room. He slept during the whole concert. While the preparations lasted, he was a guest of the king. While he is journeying on the road to Granada, in Santa Fé his fate is being decided.

They used to work until late at night. The plate of the scales sank to the ground. Its rays crept up to the dome. Lend me ten roubles until tomorrow. He worked on from early morning till late at night. He will fight to the very end. We kept going up always higher and higher to the fourth story. It will exist until the world shall perish. The king came about midday into the village of Reading. About morning the gale ended. About ten metres will be sufficient. All gathered round the glass globe. One can look very far round about. Great mountains of ice floated around. He looked around on all sides.

[우리말]

그는 하루 종일 혼자 있었습니다. 그녀는 몇 달 동안 방 밖으로 나가지 않았습니다. 그는 콘서트 내내 잠을 잤습니다. 준비가 계속되는 동안, 그는 왕의 손님이었습니다. 그가 그라나다로 가는 길을 달리는 동안, 산타페에서는 그의 운명이 결정됩니다.

그들은 깊은 밤까지 일했습니다. 저울 접시가 땅까지 내려갔습니다. 그 광선은 돔까지 솟아올랐습니다. 저에게 내일까지 10루블을 빌려주세요. 그는 이른 아침부터 늦은 밤까지 일했습니다. 그는 끝까지 싸울 것입니다. 우리는 4층까지 계속해서 더 높이 올라갔습니다. 그것은 세상이 멸망할 때까지 존재할 것입니다. 왕은 정오 무렵에 레딩 마을에 왔습니다. 새벽 무렵에 폭풍이 끝났습니다. 약 10미터면 충분할 것입니다. 모두 유리 구슬 주위에 모였습니다. 주변을 매우 멀리까지 볼 수 있습니다. 주변에는 거대한 얼음 산들이 떠다녔습니다. 그는 사방을 둘러보았습니다.

LESSON 35과

de, da

de는 "~의", "~로부터", "~에 의해" 등의 의미를 갖습니다.
구체적으로는 다음의 예시를 함께 보겠습니다.
소유 : la ĉapelo de la patro (아버지의 모자)
행위의 주체 : La letero estis skribata de Johano.
 (그 편지는 Johano에 의해 쓰였다)
원인 : Li mortis de febro. (그는 열로 인해 죽었다)
시작점 : De tiu tempo neniu lin vidis. (그때부터 그를 본 사람은 없었다),
  Li venis de Parizo. (그는 파리에서 왔다)

da는 수량을 나타내는 단어의 뒤에 쓰이며, 그것이 특정한 의미가 없는 일반적인 단어일 때만 가능합니다. 즉 da 뒤에는 정관사 la가 쓰일 일이 없습니다.
dekduo da kuleroj (12개의 숟가락), funto da teo (1파운드의 차), peco da pano (한 조각의 빵)

하지만 대상이 특정되는 경우에는 de가 쓰이게 되며, 이때는 정관사 la가 같이 쓰일 수 있습니다.
funto de la teo (그 차 1파운드), peco de la pano(그 빵 한 조각)

에스페란토	한국어	영어	에스페란토	한국어	영어
placo	장소, 광장	place, square	velo	돛	sail
drapo	옷감, 직물	cloth	ovo	계란	egg
kilometro	킬로미터	kilometre	bordo	물가	shore
amaso	군중, 대중	crowd	aŭtuno	가을	autumn
turo	탑, 타워	tower	ĉevalo	말	horse
peco	조각	piece	sumo	합계	sum
inko	잉크	ink	najbaro	이웃	neighbour
mezuro	측정하다, 재다	measure	suferi	고통받다	to suffer
signifi	의미하다	to signify	nigra	검은	black
plena	가득찬	full			

[에스페란토 읽기 연습]

La lumo de la luno. En la mezo de la placo staris domo. Li povis havi la aĝon de dekses jaroj. La tempo de ilia vivo estas ankoraŭ pli mallonga, ol de nia. Ili sin levis de apud la tablo. Mi pensis, ke vi de tie jam ne revenos. La ŝipanoj demetis la velojn. Li deiris de la ĉevalo.

Glaso de vino estas glaso, en kiu antaŭe sin trovis vino, aŭ kiun oni uzas por vino; glaso da vino estas glaso plena je vino. Alportu al mi metron da nigra drapo. Mi aĉetis dekon da ovoj. Tiu ĉi rivero havas ducent kilometrojn da longo. Sur la bordo de la maro staris amaso da homoj. Multaj birdoj flugas en la aŭtuno en pli varmajn landojn. Sur la arbo sin trovis multe da birdoj. Kelkaj homoj sentas sin la plej feliĉaj, kiam ili vidas la suferojn de siaj najbaroj. En la ĉambro sidis nur kelke da homoj. "Da" post ia vorto montras, ke tiu ĉi vorto havas signifon de mezuro.

Ĝi estas bela peco da ŝtofo. Sur la teleron li metis milojn da pecoj da arĝento. La lumoj brilas kiel centoj da steloj. Knabo aĉetis boteleton da inko. Ili konstruas turetojn enhavantajn multe da ĉambretoj. Li donis al ili grandan sumon da mono.

[영어 해석]

The light of the moon. In the middle of the square stood a house. He might be of the age of sixteen years. Their lifetime is still shorter than ours. They rose from beside the table. I thought that you would never return from thence. The sailors took down the sails. He dismounted from the horse.

A wine glass is a glass in which there was wine previously, or which is used for wine; a glass of wine is a glass full of wine. Bring me a metre of black cloth. I bought a half-score of eggs. This river has a length of two hundred kilometres. On the seashore stood a crowd of people. Many birds fly in the autumn into warmer lands. On the tree were many birds. Some people feel happiest when they see the sufferings of their neighbours. In the room were only a few people. "Da" after any word shows that this word signifies measure.

It is a beautiful piece of stuff. On the plate he put thousands of pieces of silver. The lights glitter like hundreds of stars. A boy bought a little bottle of ink. They construct little towers containing many little chambers. He gave them a great sum of money.

우리말은 97p

LESSON 36과

per는 수단(by means of)으로써, 무언가 이루어지도록 만드는 도구를 지칭합니다.
Per hakilo ni hakas. : By means of an axe we chop. (도끼로 자른다)

kun은 함께(with)를 의미합니다.
Li iros kun mi. : He will go with me. (그는 나와 함께 갈 것이다)

sen은 없다(without)는 뜻이며, 무언가 부재함을 가리키는 접두사로도 쓰입니다.
teo sen sukero(설탕 안 넣은 차), senutila (쓸모없는)

참고로, 접두사 "mal-"은 정반대라는 뜻이므로 sen과는 뉘앙스에 차이가 있습니다.
malutila (해로운)

에스페란토	한국어	영어	에스페란토	한국어	영어
envio	질투	envy	ŝaŭmo	거품	foam, froth
fiŝo	물고기	fish	vosto	꼬리	tail
pentraĵo	그림	painting	reĝido	왕자(王子)	prince
princo	왕자, 군주	prince	ondo	파도	wave
membro	회원	member	tataro	타타르족(人)	Tartar
folio	잎사귀, 나뭇잎	leaf	fadeno	실, 선	thread
ludi	놀다	to play	pentri	그리다	to paint
flari	냄새 맡다	to smell	peli	쫓아내다	to drive
kovri	덮다, 가리다	to cover	ĉesi	그만두다	to cease
movi	~을 움직이다	to move	kune	함께	together

[에스페란토 읽기 연습]

Mi manĝas per la buŝo, kaj flaras per la nazo. Ŝi surpaŝis per piedo sur la serpenton. Ĝi enkovris la belegan lilion per blanka ŝaŭmo. La korpo finiĝis per fiŝa vosto. Ĉiuj muroj estas ornamitaj per grandaj pentraĵoj. Per tie ĉi, kaj ne per alia vojo, la ŝtelisto forkuris. Per kia maniero oni povas veni en la landon de oro? Per tia maniero. Per unu vorto. La stelo Venus ekbrulis per envio.

Ŝi volis ludi kun ili, sed kun teruro ili forkuris. Kun kia atento ŝi aŭskultis tiujn ĉi rakontojn! La plej bela el ili estis la juna reĝido kun la grandaj nigraj okuloj. Tien ĉi alnaĝis la virineto de maro kun la bela princo. Kun plezuro. Kun ĉiu jaro la nombro de la membroj rapide kreskis.

La tataro restis sen bona ĉevalo kaj sen manĝo. Li preskaŭ sen vivo estis pelata de la ondoj. Ili teksis per ĉiuj fortoj, sed sen fadenoj. Li senvorte obeis. La folioj moviĝis senĉese. Li kreis sennombrajn birdojn.

[영어 해석]

I eat with my mouth, and smell with my nose. She trod with her foot on the serpent. It covered the lovely lily with white foam. The body ended in a fish's tail. All the walls are decorated with great paintings. By here, and by no other way, the thief escaped. In what way can one come into the land of gold? In such a way. In one word. The star Venus began to burn with envy.

She wished to play with them, but they ran away in terror. With what attention she listened to these tales. The most beautiful of them was the young prince with the great black eyes. Hither swam the sea-maiden with the beautiful prince. With pleasure. With every year the number of members rapidly increased.

The Tartar remained without a good horse and without food. Almost without life he was driven about by the waves. They wove with all their might, but without thread. Without a word he obeyed. The leaves moved ceaselessly. He created numberless birds.

[우리말]

저는 입으로 먹고, 코로 냄새를 맡습니다. 그녀는 발로 뱀을 밟았습니다. 그것은 아름다운 백합을 하얀 거품으로 덮었습니다. 몸은 물고기 꼬리로 끝났습니다. 모든 벽은 커다란 그림들로 장식되어 있습니다. 도둑은 이 길로, 다른 길이 아닌 이 길로 도망쳤습니다. 어떤 방법으로 황금의 나라에 갈 수 있습니까? 그런 방법으로. 한마디로. 금성 별은 시기심으로 불타올랐습니다.

그녀는 그들과 함께 놀고 싶었지만, 그들은 두려움에 질려 도망쳤습니다. 어찌나 주의 깊게 그녀가 이 이야기들을 들었던가! 그들 중 가장 아름다운 사람은 크고 검은 눈을 가진 젊은 왕자였습니다. 인어 공주가 아름다운 왕자와 함께 이곳으로 헤엄쳐 왔습니다. 기꺼이. 해마다 회원 수가 빠르게 증가했습니다.

타타르족은 좋은 말도 없이 식량도 없이 남겨졌습니다. 그는 거의 죽을 지경으로 파도에 휩쓸려 다녔습니다. 그들은 온 힘을 다해 짰지만, 실이 없었습니다. 그는 말없이 복종했습니다. 나뭇잎들은 끊임없이 움직였습니다. 그는 수없이 많은 새들을 창조했습니다.

LESSON 37과

por는 기본적으로 무언가를 "위해서"(영어 for)라는 의미합니다. por는 동사 원형 앞에 사용되는 세 가지 전치사 중 하나입니다.

　　Li aĉetis inkon por skribi.
: He bought ink in order to write. (그는 글을 쓰기 위해 잉크를 샀다)

pro는 "때문에"(영어 because)라는 뜻입니다.

　　Li demandis ŝin, pro kio ŝi ploras.
: He asked her, for what she weeps. (그는 그녀가 무엇 때문에 우는지 물었다)

por는 행동의 목적 혹은 행동 이후의 결과를 기대한다는 것이고, pro는 행동 이전에 있었던 일 및 그것이 발생하게 된 원인을 되짚어보는 것입니다.

　　Mi manĝas pro malsato por vivi.
: I eat because of hunger in order to live.
(나는 살기 위해서 배고픔 때문에 먹습니다)

에스페란토	한국어	영어	에스페란토	한국어	영어
ofico	사무실	office	mastro	주인	master
kafo	커피	coffee	bieno	토지, 땅	property
kaŭzo	원인, 이유	cause	vendi	팔다	to sell
konvinki	확신시키다	to convince	kontenta	만족스러운	content, pleased
sata	배부른	satiated			

[에스페란토 읽기 연습]

Li sin kuracis por resaniĝi. Ŝi havis multege por rakonti. Li iris en la preĝejon, por fari la konfeson. Por iel pasigi la tempon. Neniu pli bone taŭgas por sia ofico, ol li. Li uzis ĉiajn siajn fortojn por kontentigi sian mastron. Por mi estas tute egale, kie ajn mi loĝas. Prenu (la pagon) por la kafo.

Li mortis pro malsato. Mi havis tre bonan bienon, kiu estis vendita pro ŝuldoj. Pro la ĉielo, ne faru tion ĉi. Li estis konvinkita, ke li pro si ne devas timi. Pro tio ĉi Venus lumas pli forte, ol multaj aliaj steloj. Ĉu pro tio, aŭ ĉu pro ia alia kaŭzo, mi ne scias.

[영어 해석]

He treated himself in order to regain his health. She had a great deal to tell. He went into the church to make his confession. In order to pass the time somehow. Nobody is more fit for his post than he. He used all his might to please his master. For me it is all one wherever I live. Take (the pay) for the coffee.

He died of hunger. I had a very good estate, which was sold on account of debts. For heaven's sake, do not do this. He was convinced that on his own account he need not fear. On this account Venus gives more light than many other stars. Whether for that, or for some other reason, I know not.

[우리말]

그는 건강하기 위해 스스로를 고쳤습니다. 그녀는 할 이야기가 너무나 많았습니다. 그는 고해성사를 하기 위해 교회에 갔습니다. 어떻게든 시간을 보내기 위해. 그 누구도 그보다 자신의 직무에 더 적합한 사람은 없습니다. 그는 주인을 만족시키기 위해 모든 힘을 다했습니다. 제가 어디에 살든 저는 전혀 상관없습니다. 커피 값을 받으세요. 그는 굶주려 죽었습니다. 저는 매우 좋은 농장을 가지고 있었는데, 빚 때문에 팔렸습니다. 제발 그러지 마세요. 그는 자신 때문에 두려워할 필요가 없다고 확신했습니다. 이 때문에 금성은 다른 많은 별보다 더 밝게 빛납니다. 이 때문인지, 아니면 다른 이유 때문인지, 저는 모르겠습니다.

[우리말] 35과

달빛. 광장 한가운데 집이 서 있었습니다. 그는 16세였을 수도 있습니다. 그들의 삶의 시간은 우리보다 더 짧습니다. 그들은 탁자 옆에서 일어났습니다. 저는 당신이 그곳에서 돌아오지 않을 것이라고 생각했습니다. 선원들은 돛을 내렸습니다. 그는 말에서 내려왔습니다.

와인 한 잔은 이전에 와인이 담겨 있었거나 와인을 위해 사용되는 잔을 의미하고, 와인잔은 와인으로 가득 찬 잔을 의미합니다. 검은색 천 1미터를 가져다주세요. 저는 달걀 10개를 샀습니다. 이 강은 길이가 200킬로미터입니다. 바닷가에는 많은 사람이 서 있었습니다. 많은 새들이 가을에 더 따뜻한 나라로 날아갑니다. 나무에는 많은 새들이 있었습니다. 어떤 사람들은 이웃의 고통을 볼 때 가장 행복함을 느낍니다. 방에는 몇 명의 사람만이 앉아 있었습니다. 어떤 단어 뒤에 붙는 Da는 그 단어가 측정의 의미를 가짐을 나타냅니다.

그것은 아름다운 천 조각입니다. 그는 접시에 수천 개의 은 조각을 놓았습니다. 불빛은 수백 개의 별처럼 빛납니다. 소년은 잉크 한 병을 샀습니다. 그들은 많은 작은 방을 포함하는 작은 탑을 짓고 있습니다. 그는 그들에게 많은 돈을 주었습니다.

LESSON 38과

pri는 무엇인가에 "관하여"(영어의 about)를 말합니다.
Ni parolis pri nia amiko. : We spoke about our friend.
　(우리는 우리 친구에 대해 말했다)
pripensi(고려하다), priparoli(논의/토론하다), priskribi(묘사하다)

laŭ는 누구 혹은 무엇에 "따라서"(영어의 according to)를 말합니다.
laŭ mia opinio (내 의견에 따르면)
laŭlonge(길게, 세로로)

에스페란토	한국어	영어	에스페란토	한국어	영어
konko	(조개)껍질	shell	komando	명령	command
eksteraĵo	외관, 겉모양	exterior	portreto	초상화	portrait
boneco	선(善)	goodness	fojo	~번(횟수)	time
afero	일, 사건, 사물	affair, matter	honesteco	정직함, 성실성	honesty
konvena	적합한, 어울리는	suitable, proper,	sonĝi	꿈꾸다	to dream
ŝajni	듯하다, 보이다	to seem			

[에스페란토 읽기 연습]

Ŝi volis kredi, ke la hebreo parolas pri iu alia. Nun la virino havas ĉion, ŝi pri nenio povas peti. Pri tio ĉi ne pensu. Tion oni vere ne povas diri pri vi. Estis ankoraŭ multaj aferoj, pri kiuj ili volis scii. Li ne povis eĉ sonĝi pri ŝi. Ŝi demandadis pri tio la maljunan avinon.

Mi restas tie ĉi laŭ la ordono de mia estro. Li ekiris laŭ tiu ĉi rivero. Ili havis la permeson supreniri ĉiufoje laŭ sia volo. Ŝi povis laŭ sia plaĉo fosi kaj planti. La konkoj sin fermas kaj malfermas laŭ la fluo de la akvo. Laŭ sia eksteraĵo li ŝajnis konvena homo. Laŭ la komando "tri" vi ekpafos sur la arbon. La pli juna filino estis la plena portreto de sia patro laŭ sia boneco kaj honesteco.

[영어 해석]

She wished to believe that the Hebrew spoke of someone else. Now the woman has everything, she can ask for nothing. Do not think about this. One cannot truly say that about you. There were still many things about which they wished to know. He could not even dream about her. She used to ask the old grandmother about that.

I remain here by order of my chief. He began to go along this river. They had permission to go up always according to their will. She could dig and plant as she pleased. The shells closed and opened according to the flow of the water. From his outward appearance he seemed a respectable man. At the command "three" you will shoot at the tree. The younger daughter was the very picture of her father in her goodness and honesty.

[우리말]
 그녀는 히브리인이 다른 사람에 대해 말하는 것이라고 믿고 싶었습니다. 이제 그 여자는 모든 것을 가졌으니, 아무것도 바랄 것이 없습니다. 이것에 대해 생각하지 마세요. 그것은 정말 당신에게 적용되지 않는 말입니다. 그들이 알고 싶어 하는 많은 다른 것들이 있었습니다. 그는 그녀에 대해 꿈조차 꿀 수 없었습니다. 그녀는 늙은 할머니에게 그것에 대해 계속 물었습니다.
 저는 제 상사의 명령에 따라 이곳에 머물러 있습니다. 그는 이 강을 따라 출발했습니다. 그들은 자유롭게 언제든지 올라갈 수 있는 허락을 받았습니다. 그녀는 마음대로 파고 심을 수 있었습니다. 조개는 물의 흐름에 따라 닫히고 열립니다. 그의 외모로 보아 그는 적합한 사람처럼 보였습니다. "셋"이라는 명령에 따라 나무에 총을 쏠 것입니다. 더 어린 딸은 착함과 정직함이 아버지의 완벽한 모습이었습니다.

[우리말] 20과 - ①
 어떤 바다는 어떤 닻도 닿을 수 없을 정도로 깊습니다. 어떤 방식으로든. 어떤 양심의 가책도 없이. 저는 제가 그를 어떤 곳에서 확실히 찾을 수 있는지 압니다. 날씨가 어떤가요? 제가 당신에게 어떤 해를 끼쳤나요? 그런 식으로 그는 모든 것을 했습니다. 그는 그를 이런저런 장소로 오라고 초대했습니다. 모든 새가 노래하는 것은 아닙니다. 모든 의심을 넘어. 어떤 인간도 그런 벌을 받을 자격이 없습니다. 그런 책들은 해롭습니다. 가끔 그가 우리를 방문합니다.
 어쩐지. 어쩐지 그는 잠을 이룰 수 없었습니다. 왜 저에게 답하지 않습니까? 저는 당신의 질문을 이해하지 못해서, 그래서 답하지 않았습니다. 사람들은 서로를 이해하지 못하고, 그래서 서로를 낯설게 대합니다. 모든 면에서 이것이 최고입니다.
 언젠가. 저는 언젠가 당신을 사랑했습니다. 살아있는 것은 필연적으로 언젠가 죽어야 합니다. 당신은 언제 떠날 건가요? 달밤에, 모두가 잠들었을 때, 그녀는 배의 가장자리에 앉아 있었습니다. 영원히 복받으세요! 그녀는 이전에 개를 본 적이 없었습니다.

LESSON 39과

kontraŭ는 기본적으로 "반대"(영어의 against, opposite)의 뜻을 가지고 있고, 부수적으로는 내려다보는 혹은 마주하는 뉘앙스도 있습니다.
Li kuraĝe batalis kune kun ni kontraŭ niaj malamikoj.
: He courageously fought with us against our enemies.
(그는 우리와 함께 용감하게 적들에 대항해 싸웠다)
la fenestro kontraŭ la strato(거리가 내려보이는 창문), vizaĝo kontraŭ vizaĝo(면대면(面對面)), kontraŭdiri(모순되다)

anstataŭ는 무언가/누군가를 "대신하여"(영어의 instead of)라는 의미입니다.
Mi iris Londonon anstataŭ Parizon. : I went to London instead of to Paris.
(파리 대신 런던에 갔다)
Mi iris hieraŭ anstataŭ morgaŭ. : I went yesterday instead of tomorrow.
(내일 말고 어제 갔다)
Anstataŭ piediri, li veturis. : Instead of going on foot, he drove.
(걸어가는 대신 차로 갔다)
anstataŭi(대리하다), anstataŭigi(대신하다)

krom은 "그외에", "추가로", "게다가"(영어의 in addition to, besides) 등의 뜻입니다.
En la ĉambro estis neniu krom li.
: In the room there was nobody except him. (방에는 그 외에는 아무도 없었다)
La knabo estas granda, kaj krom tio, li estas bona.
: The boy is tall, and besides that, he is good. (그 소년은 크고, 게다가 건강하다)

에스페란토	한국어	영어	에스페란토	한국어	영어
rimedo	수단, 방법	means, remedy	kutimo	버릇, 관습	custom
profesoro	교수	professor	reflektoro	반사경	reflector
fianĉo	약혼자	betrothed	flanko	옆, 측면	side
teo	차(茶)	tea	sukero	설탕	sugar
kremo	크림	cream	prepozicio	전치사	preposition
vokalo	모음	vowel	abomeno	증오	disgust
ordinara	보통/일반적인	ordinary			

[에스페란토 읽기 연습] Vi havas rimedojn kontraŭ ĉiuj malsanoj. Kion povas fari li sola kontraŭ cent homoj? Kontraŭ sia kutimo, la profesoro nenion diris. Ĝi flugis kontraŭ la reflektoron. Kontraŭ sia propra volo ŝi tion ĉi konfesis. Li eksentis ian abomenon kontraŭ si. La kontraŭa flanko. Ili sidiĝis unu kontraŭ la alia. Ŝi estis maljusta kontraŭ li. Kontraŭ la ordinaro, la nombro de la dancantoj estis granda. Anstataŭ li, oni sendis lian fraton. Anstataŭ eliri, li restis en la domo. Okulo anstataŭ okulo, kaj dento anstataŭ dento. Anstataŭ kafo li donis al mi teon kun sukero sed sen kremo. En la salono staris neniu krom li kaj lia fianĉino. Krom la malplena teksilo nenio estis. Krom ni mem, ni havis tre malmulte por enporti. Ŝi volis havi, krom la ruĝaj floroj, nur unu belan statuon. Ĉiuj dormis, krom la direktilisto apud sia direktilo. Krom la membroj alveturas multe da gastoj.

[영어 해석] You have remedies against all diseases. What can he alone do against a hundred men? Contrary to his custom, the professor said nothing. It flew against the reflector. Against her own will she confessed this. He began to feel a certain disgust against himself. The opposite side. They sat down one opposite the other. She was unjust towards him. Contrary to usual, the number of dancers was great. Instead of him his brother was sent. Instead of going out he remained in the house. An eye for an eye, and a tooth for a tooth. Instead of coffee he gave me tea with sugar, but without cream. In the drawing-room there was nobody except him and his fiancée. Besides the empty loom there was nothing. Besides ourselves we had very little to bring in. She wished to have, besides the red flowers, only one beautiful statue. All slept, save the steersman beside his tiller. In addition to the members, many guests journey there.

[우리말] 당신은 모든 질병에 대한 방책을 가지고 있습니다. 그 혼자서 100명의 사람들에게 무엇을 할 수 있겠습니까? 그의 습관과는 반대로, 교수는 아무 말도 하지 않았습니다. 그것은 반사경에 부딪혀 날아갔습니다. 그녀는 자신의 의지에 반하여 이것을 고백했습니다. 그는 자신에게 일종의 혐오감을 느꼈습니다. 반대편. 그들은 서로 마주보고 앉았습니다. 그녀는 그에게 불공평했습니다. 평소와는 달리, 춤추는 사람들의 수가 많았습니다. 그 대신 그의 형제가 보내졌습니다. 나가기 대신, 그는 집에 머물렀습니다. 눈에는 눈, 이에는 이. 커피 대신 그는 설탕을 넣은 차를 주었지만 크림은 없었습니다. 거실에는 그와 그의 약혼녀 외에는 아무도 없었습니다. 텅 빈 베틀 외에는 아무것도 없었습니다. 우리 자신 외에는 가져올 것이 거의 없었습니다. 그녀는 붉은 꽃 외에 단 하나의 아름다운 조각상만을 원했습니다. 모두가 잠들었지만, 조종 장치 옆에 있는 조종사 외에는 아무도 없었습니다. 회원 외에 많은 손님이 도착합니다.

LESSON 40과

malgraŭ는 "~에도 불구하고"(영어의 in spite of)라는 뜻입니다.
  Li sukcesis malgraŭ ĉio.
: He succeeded in spite of everything. (그는 모든 일에 불구하고 성공했다)

spite는 malgraŭ보다 더 강한 표현으로, 모든 반대에 대담하게 저항한다는 뉘앙스를 가지고 있습니다.
  Li faris tion, spite la malpermeso.
: He did that, in spite of being forbidden.
  (그는 금지에도 불구하고 한사코 그걸 했다)

po는 "비율"(at the rate of)을 말합니다.
  Mi aĉetis dekduon da ovoj po unu penco.
: I bought a dozen eggs at a penny (나는 1페니에 계란 12개를 샀다.)
  poduone(중도에), pogrande(도매로), pomalgrande(소매로)

je는 26과에서 한번 언급했던 것처럼 별다른 뜻이 없는 유일한 전치사입니다. 전치사가 필요하지만 달리 적당한 전치사가 없을 때 사용됩니다.
  La kruĉo estas plena je akvo. : The jug is full of water.
  (주전자가 물로 가득 차 있다)
  Mi enuas je la hejmo. : I am tired of home. (나는 집에 싫증이 난다)

에스페란토	한국어	영어	에스페란토	한국어	영어
mastrumaĵo	집안일	household affairs	fungo	버섯	mushroom
senco	뜻, 의미	sense	regulo	규칙, 법규	rule
klareco	명쾌, 명확	clearness	akuzativo	대격, 목적어	accusative
nobeleco	고결함(출신)	nobility	honoro	명예, 영광	honour
libereco	자유	liberty	kulpo	잘못, 죄	fault
simila	비슷한, 같은	similar, like	komuna	공동/공통의	common to
krii	울다	to cry	sopiri	갈망하다	to long for
ekzemple	예시로	for example			

[에스페란토 읽기 연습] Li multe laboris, sed malgraŭ ĉio, li ne sukcesis. Estis ankoraŭ sufiĉe varme, malgraŭ ke la suno staris malalte. Ili estos severe punataj, se ili, malgraŭ la malpermeso, pekos kontraŭ la libereco de la vojo. Spite ĉiuj miaj penoj por malhelpi lin, li foriris.

Por miaj kvar infanoj mi aĉetis dek du pomojn, kaj al ĉiu el la infanoj mi donis po tri pomoj. Ili povas kosti po tri ĝis kvin ŝilingoj. Tiu ĉi libro havas sesdek paĝojn; tial se mi legos en ĉiu tago po dekkvin paĝoj, mi finos la tutan libron en kvar tagoj. Mi aĉetis kvar librojn po ses pencoj.

Ni estis nur okupitaj je kelkaj mastrumaĵoj. La konstruo estas simila je fungo. Ili forkuris, kiam la virino ekkriis je ili. Je la vespero la ĉielo kovriĝis je nuboj. El timo je Karagara mi forkuris. Ŝi estis tre fiera je sia nobeleco. La hundo sincere malĝojis je li. Neniu el ili estis tiel plena je deziroj, kiel la plej juna knabino. Je vorto de honoro.

[영어 해석] He worked hard, but in spite of everything he did not succeed. It was still fairly warm, notwithstanding that the sun was low. They will be severely punished if, notwithstanding the prohibition, they offend against the freedom of the road. Despite all my endeavours to prevent him, he went away.

For my four children I bought twelve apples, and to each of the children I gave at the rate of three apples. They may cost three to five shillings each. This book has sixty pages; therefore if I read every day fifteen pages, I shall finish the whole book in four days. I bought four books at sixpence each.

We were only engaged about some household affairs. The structure is similar to a mushroom. They ran away when the woman cried out at them. In the evening the sky became covered with clouds. From fear of Karagara I ran away. She was very proud of her high rank. The dog sincerely mourned for him. None of them was so full of desires as the youngest girl. On word of honour.

[우리말] 그는 열심히 일했지만, 모든 것에도 불구하고 성공하지 못했습니다. 해가 낮게 떠 있었음에도 불구하고 여전히 충분히 더웠습니다. 그들은 금지령에도 불구하고 길의 자유를 침해하면 엄하게 처벌받을 것입니다. 그를 막으려는 저의 모든 노력에도 불구하고, 그는 떠났습니다.

제 네 아이들을 위해 사과 열두 개를 샀고, 각 아이에게 세 개씩 주었습니다. 그것들은 개당 3에서 5실링 정도 나갈 수 있습니다. 이 책은 60페이지입니다. 그래서 제가 매일 15페이지씩 읽으면, 4일 안에 책 전체를 다 읽을 것입니다. 저는 개당 6펜스에 책 네 권을 샀습니다.

우리는 몇 가지 집안일만 바빴습니다. 그 건물은 버섯과 유사합니다. 여자가 그들에게 소리치자 그들은 도망쳤습니다. 저녁이 되자 하늘은 구름으로 뒤덮였습니다. 카라가라에 대한 두려움으로 저는 도망쳤습니다. 그녀는 자신의 고귀함에 매우 자랑스러워했습니다. 개는 그에게 진심으로 슬퍼했습니다. 그들 중 누구도 막내 소녀만큼 욕망으로 가득 찬 사람은 없었습니다. 명예를 걸고 한마디.

[보충 설명]

전치사가 필요하지만 거기에 맞는 적당한 전치사가 없을 경우에 "je"를 사용할 수 있습니다. 하지만 가급적 사용하지 않는 편이 좋습니다.

"je" 대신에 전치사 없이 목적격 "-n"를 사용하는 것도 좋습니다.

Mi ridas je lia naiveco. = mi ridas pro lia naiveco. = Mi ridas lian naivecon.
: I laugh at his simplicity = I laugh on account of his simplicity = I ridicule his simplicity. (나는 그의 단순함에 웃는다)

Je la lasta fojo mi vidas lin ĉe vi. = La lastan fojon mi vidas lin ĉe vi.
: The last time I saw him with you. (마지막으로 나는 그를 당신 집에서 봤다)

Mi sopiras je mia perdita feliĉo. = Mi sopiras mian perditan feliĉon.
: I sigh for my lost happiness. (잃어버린 행복이 그립다)

이 규칙에 따르면 어떤 동사가 목적어를 필요로 하는지 명확하지 않을 경우엔 언제든 목적격을 활용할 수 있습니다.

Obei je la patro. = Obei al la patro. = Obei la patron.

하지만 의미상 허용되지 않는 경우라면 당연히 목적격을 사용할 수 없습니다.

Pardoni al la malamiko = Pardoni la malamikon (둘 다 가능)
⇒ Pardoni al la malamiko lian kulpon (이 한 가지만 가능)

[우리말] 20과 - ②

어딘가에. 소년들은 어디에 있나요? 어디로 가셨어요? 저는 여기에 머무릅니다. 그는 도시 어딘가에서 지갑을 잃어버렸지만, 어디에서 잃어버렸는지는 모릅니다. 저는 그곳에서 이곳으로 오는 것을 좋아했습니다. 그는 그녀에게 어디에서 왔는지 말해달라고 요청했습니다. 젊은이들에게는 어디에나 함정이 있습니다. 어디에나 꽃이 피어 있고, 어디에서도 이보다 더 아름다운 꽃을 찾을 수 없습니다.

어떻게든. 얼마나 아름다운가! 제가 왕으로서 적합한가요? 그렇게 행복한 날이 끝났습니다. 그들은 다이아몬드처럼 빛났습니다. 어떻게 지내세요? 어떻게든 그가 저를 오해했습니다. 제 아내는 저와 똑같이 생각했습니다. 저는 당신이 무슨 말을 하는지 도저히 이해할 수 없습니다. 매우 이상하고 도저히 이해할 수 없습니다! 저는 그를 회장으로 선출했습니다. 누군가의. 이것은 누구의 장갑인가요? 저는 그런 의견을 결코 받아들이지 않습니다. 갑자기 그녀는 누군가의 강하고 불쾌한 목소리를 들었습니다. 모든 사람의 생각은 다릅니다. 좋은 친구, 그의 도움 없이는 그는 결코 이 나라를 보지 못했을 것입니다. 누군가의 손실이 항상 누군가의 이득은 아닙니다. 누군가의 손실은 종종 아무의 이득도 아닙니다.

LESSON 41과

접미사 "-aĵ-"는 ① 어떤 물질로 만들어진 것이나 ② 그것의 질적인 특성을 가지고 있거나 ③ 그 단어로 표현되는 행동의 결과로 나타나는 것을 지칭합니다.
ovo(계란) → ovaĵo(계란요리), mirinda(놀라운) → mirindaĵo(기적),
trovi(찾다) → trovaĵo 또는 trovitaĵo(발견물)

접미사 "-ec-"는 질적인 측면을 의미하며, 어떤 특성에 대한 명명을 하는 것입니다.
bona(좋은) → boneco(선(善)), riĉa(부유한) → riĉeco(부(富)),
akurata(정확한) → akurateco(정확성), eco(성질)
이 두 접미사는 다음과 같은 뉘앙스의 차이가 있습니다.
mola(부드러운) → molaĵo(연한 것) / moleco(부드러움)
amiko(친구) → amikaĵo(우호적 행동) / amikeco(우정)

에스페란토	한국어	영어	에스페란토	한국어	영어
kuko	케이크	cake	ligno	목재	wood
alkoholo	알코올, 술	alcohol	araneo	거미	spider
ceremonio	의식	ceremony	heroo	영웅	hero
frandaĵo	진수성찬	dainty	acido	산(酸)	acid
vinagro	식초	vinegar	sulfuro	유황	sulphur
azotacido	질산, 초산	nitric acid	lago	호수	lake
objekto	사물, 물건	object, thing	treni	끌다	to drag
fotografi	사진 찍다	to photograph	konfiti	설탕에 절이다	to preserve with sugar
paki	꾸리다, 싸다	to pack	la ceteraj	기타등등	the rest
mirinda	놀라운	wonderful	peza	무거운	heavy
oportuna	편리한	convenient			

[에스페란토 읽기 연습]

La fotografisto fotografis min, kaj mi sendis mian fotografaĵon al mia patro. Vi parolas sensencaĵon, mia amiko. Mi trinkis teon kun kuko kaj konfitaĵo. Akvo estas fluidaĵo. Mi ne volis trinki la vinon, ĉar ĝi enhavis en si ian malklaraĵon. Sur la tablo staris diversaj sukeraĵoj. Mi manĝis bongustan ovaĵon. Kiam mi ien veturas, mi neniam prenas kun mi multon da pakaĵo. Glaciaĵo estas dolĉa glaciigita frandaĵo. La tuta supraĵo de la lago estis kovrita per naĝantaj folioj kaj diversaj aliaj kreskaĵoj. La lignisto vendas lignon, kaj la lignaĵisto faras tablojn, seĝojn kaj aliajn lignajn objektojn. Mi uzas nenian alkoholaĵon. Lia maljuna patrino kondukis la mastraĵon de la domo. "Malbonan eksteraĵon li havis," respondis la hebreo. Ŝi pripensis la faritaĵojn de la tago pasinta. Ĝi estas tiel malpeza, kiel araneaĵo. La trenaĵo de la vesto estis longa. Ili sin movas, kiel vivaj estaĵoj.

Li amas tiun ĉi knabinon pro ŝia beleco kaj boneco. Lia heroeco tre plaĉis al mi. Mi vivas kun ili en granda amikeco. Ni estas ja en la proksimeco de la rivero. Tio ĉi estas la plej grava eco. Kortega ceremonio postulas maloportunecon. La riĉeco de tiu ĉi homo estas granda, sed lia malsaĝeco estas ankoraŭ pli granda.

En tiuj ĉi boteletoj troviĝas diversaj acidoj, vinagro, sulfuracido, azotacido kaj aliaj. La acideco de tiu ĉi vinagro estas tre malforta. Via vino estas nur ia abomena acidaĵo. Tiu ĉi granda altaĵo ne estas natura monto. La alteco de tiu monto ne, estas tre granda.

[영어 해석]

The photographer photographed me, and I sent my photograph to my father. You talk nonsense, my friend. I drank tea, with cake and jam. Water is a fluid. I did not wish to drink the wine, for it had in it a certain muddiness. On the table were various sweetmeats. I ate a tasty omelette. When I travel anywhere I never take with me much luggage. An ice is a sweet frozen dainty. The whole surface of the lake was covered with floating leaves and various other plants. The timber merchant sells wood, and the joiner makes tables, chairs, and other wooden objects. I use no sort of alcoholics. His old mother carried on the management of the house. "An evil appearance he had," answered the Jew. She thought over the doings of the past day. It is as light as a cobweb. The train of the dress was long. They move like living beings.

He loves this girl on account of her beauty and goodness. His heroism greatly pleased me. I live with them in great friendship. We are, in fact, close to the river. This is the most important quality. Court ceremony necessitates inconvenience. The wealth of this man is great, but his foolishness is still greater.

In these little bottles are various acids—vinegar, sulphuric acid, nitric acid, and others. The acidity of this vinegar is very weak. Your wine is only some abominable acid thing. This great eminence is not a natural mountain. The height of that mountain is not very great.

우리말은 122p

LESSON 42과

접미사 "-ej-"는 어떤 특정 목적으로 사용되는 장소를 뜻합니다.
tombo(무덤) → tombejo(묘지), ĉevalo(말) → ĉevalejo(마구간),
mallibera(붙잡힌) → malliberejo(감옥)

접미사 "-uj-"는 (국가, 과실수, 그릇 등) 무언가 담고 있거나 생산하거나 운반하는 것을 말합니다.
anglo(영국인) → anglujo / anglio(영국), hispano(스페인인) → hispanujo 또는 Hispanio(스페인), pomo(사과) → pomujo(사과나무), abelo(벌) → abelujo(벌집), sukerujo(설탕통), ujo(그릇, 대야 등)

여기서 참고로 나라의 경우 lando를 결합하여 쓸 수 있는데, 예를 들어 Skotlando가 가능합니다. 과실수의 경우 arbo(나무)가 같이 쓰여서 pomarbo(사과나무)라고 할 수도 있습니다.

접미사 "-ing-"는 무언가의 용기, 케이스, 덮개를 지칭합니다.
fingro(손가락) → fingringo(골무), piedo(발) → piedingo(등자),
glavo(칼) → glavingo(칼집), ingo(덮개)

에스페란토	한국어	영어	에스페란토	한국어	영어
skatolo	상자	box	hufo	발굽	hoof
pantalono	바지	trousers	cigaro	시가(담배)	cigar
tubo	관, 통, 튜브	tube	monaĥo	수도승	monk
magazeno	창고, 대형상점	warehouse	objekto	사물, 물건	object, thing
glavo	칼	sword	konsili	상의/충고하다	to counsel
ŝviti	땀흘리다	to perspire	sorbi	흡수하다	to absorb
bani	목욕시키다	to bathe			

[에스페란토 읽기 연습]

La domo, en kiu oni lernas, estas lernejo, kaj la domo, en kiu oni preĝas, estas preĝejo. La kuiristo sidas en la kuirejo. La kuracisto konsilas al mi iri en ŝvitbanejon. La ĉevalo metis unu hufon sur serpentejon. La virino promenadis tra belegaj arbaroj kaj herbejoj. Li venis en sian loĝejon. Li haltis apud la pordego de la monaĥejo. La rusoj loĝas en Rusio, kaj la germanoj en

Germanio. Mia skribilaro konsistas el inkujo, sablujo, kelke da plumoj, krajono, kaj inksorbilo. En la poŝo de mia pantalono mi portas monujon, kaj en la poŝo de mia surtuto mi portas paperujon; pli grandan paperujon mi portas sub la brako. Metu sur la tablon la sukerujon, la teujon, kaj la tekruĉon.

Magazeno, en kiu oni vendas cigarojn, aŭ ĉambro, en kiu oni tenas cigarojn, estas cigarejo; skatoleto aŭ alia objekto, en kiu oni tenas cigarojn, estas cigarujo; tubeto, en kiun oni metas cigaron, kiam oni ĝin fumas, estas cigaringo. Skatoleto, en kiu oni tenas plumojn, estas plumujo, kaj bastoneto, sur kiu oni tenas plumon por skribadi, estas plumingo. En la kandelingo sidis brulanta kandelo.

[영어 해석]

The house in which one learns is a school, and the house in which one prays is a church. The cook sits in the kitchen. The doctor advises me to go into a vapour-bath. The horse put one hoof on a serpent's nest. The woman used to walk through lovely woods and meadows. He came into his lodging. He stopped by the gate of the monastery. Russians live in Russia, and Germans in Germany. My writing materials consist of an inkstand, a sand-box, a few pens, a pencil, and a blotter. In my trousers pocket I carry a purse, and in my overcoat pocket I carry a pocket book; a larger portfolio I carry under my arm. Put on the table the sugar-basin, the tea-caddy, and the teapot.

A shop in which one sells cigars, or a room in which one keeps cigars, is a cigar-store; a box or other object in which one keeps cigars is a cigar-case; a little tube in which one puts a cigar when one smokes it is a cigar-holder. A little box in which one keeps pens is a pen-box, and a little stick, on which one holds a pen to write, is a penholder. In the candlestick was a burning candle.

[우리말] 배우는 집은 학교이고, 기도하는 집은 교회입니다. 요리사는 부엌에 앉아 있습니다. 의사는 저에게 찜질방에 가라고 권합니다. 말은 한 발굽을 뱀집에 올려놓았습니다. 여자는 아름다운 숲과 초원을 거닐었습니다. 그는 자신의 거처로 들어왔습니다. 그는 수도원 문 옆에 멈춰 섰습니다.

러시아인들은 러시아에 살고, 독일인들은 독일에 삽니다. 제 필기구 세트는 잉크병, 모래통, 몇 개의 펜, 연필, 그리고 잉크 흡수기로 구성되어 있습니다. 바지 주머니에는 동전 지갑을, 외투 주머니에는 서류 지갑을 넣고 다닙니다. 더 큰 서류 지갑은 팔 아래에 끼고 다닙니다. 탁자 위에 설탕통, 차통, 그리고 찻주전자를 놓으세요.

시가를 파는 가게나 시가를 보관하는 방은 시가 판매점입니다. 시가를 보관하는 작은 상자나 다른 물건은 시가 보관함입니다. 시가를 피울 때 시가를 넣는 작은 튜브는 시가 홀더입니다. 펜을 보관하는 작은 상자는 펜통이고, 글을 쓰기 위해 펜을 끼우는 막대기는 펜촉입니다. 촛대에는 불타는 양초가 꽂혀 있었습니다.

LESSON 43과

접두사 "ge-"는 남성과 여성 모두를 포괄하며, 당연히 항상 복수형으로 사용됩니다.
gepatroj(부모), gefratoj(형제자매), gereĝoj(왕과 왕비 부부)

"bo-"는 결혼에 의한 관계를 지칭합니다.
bopatro(장인), bofilo(사위)

"pra-"는 여러 세대 전을 의미하며, 마찬가지로 여러 세대 다음의 후손을 말할 때도 쓰입니다. praa(원시의), praavo(증조부), pranepo(증손자)

접미사 "-id-"는 자손을 가리킵니다.
reĝo(왕) → reĝido(왕자), kato(고양이) → katido(새끼고양이),
ŝafo(양) → ŝafido(새끼양)

접미사 "-ĉj-"와 "-nj-"는 각각 남자와 여자의 애칭을 만드는 데 활용됩니다.
Petro → Peĉjo, Klaro → Klanjo, patro → paĉjo, patrino → panjo

에스페란토	한국어	영어	에스페란토	한국어	영어
altaro	제단(祭壇)	altar	parenco	친척, 친족	relation
doktoro	박사	doctor	stato	상태	state, condition
koko	수탉	cock	gratuli	축하하다	to congratulate
deveni	유래하다	to originate	adresi	(편지) 부치다	to address
telegrafi	전보로 알리다	to telegraph			

[에스페란토 읽기 연습] Patro kaj patrino kune estas nomataj gepatroj. Petro, Anno, kaj Elizabeto estas miaj gefratoj. Gesinjoroj N. hodiaŭ vespere venos al ni. La gefianĉoj staris apud la altaro. Mi gratulis telegrafe la junajn geedzojn. La gereĝoj forveturis Kordovon. Ŝi edziniĝis kun sia kuzo, kvankam ŝiaj gepatroj volis ŝin edzinigi kun alia persono. La patro de mia edzino estas mia bopatro, mi estas lia bofilo, kaj mia patro estas la bopatro de mia edzino. Ĉiuj parencoj de mia edzino estas miaj boparencoj, sekve ŝia frato estas mia bofrato, ŝia fratino estas mia bofratino; mia frato kaj fratino (gefratoj) estas la bogefratoj de mia edzino. La edzino de mia nevo, kaj la nevino de mia edzino estas miaj bonevinoj. Virino, kiu kuracas, estas kuracistino; edzino de kuracisto estas kuracistedzino. La doktoredzino A. vizitis hodiaŭ la gedoktorojn P. Li ne estas lavisto, li estas lavistinedzo. La filoj, nepoj kaj pranepoj de reĝo estas reĝidoj. La hebreoj estas Izraelidoj, ĉar ili devenas de Izraelo. Ĉevalido estas nematura ĉevalo, kokido nematura koko, bovido nematura bovo, birdido nematura birdo. Tiu bela tero trovis sin en tre praa stato.

[영어 해석] A father and a mother together are named parents. Peter, Anne, and Elizabeth are my brother and sisters. Mr. and Mrs. N. will come to us this evening. The engaged couple stood by the altar. I congratulated the young married pair by telegraph. The king and queen left Cordova. She married her cousin, although her parents wished to marry her to another person. My wife's father is my father-in-law, I am his son-in-law, and my father is the father-in-law of my wife. All my wife's relations are my relations by marriage, consequently her brother is my brother-in-law, her sister is my sister-in-law; my brother and sister are the brother-in-law and sister-in-law of my wife. The wife of my nephew and the niece of my wife are my nieces by marriage. A woman who treats the sick is a lady doctor; the wife of a doctor is a doctor's wife. Mrs. Dr. A. visited Dr. and Mrs. P. today. He is not a laundryman, he is a washerwoman's husband. The sons, grandsons, and great-grandsons of a king are princes. The Hebrews are Israelites, for they are descended from Israel. A foal is an immature horse, a chicken an immature fowl, a calf an immature ox, a fledgeling an immature bird. That beautiful land was in a very primeval state.

[우리말] 아버지와 어머니를 함께 부모님이라고 부릅니다. 페트로, 안노, 그리고 엘리자베트는 저의 형제자매입니다. N 씨 부부는 오늘 저녁에 우리 집에 올 것입니다. 약혼자들은 제단 옆에 서 있었습니다. 저는 젊은 부부에게 전보로 축하를 보냈습니다. 왕과 왕비는 코르도바로 떠났습니다. 그녀의 부모님은 그녀를 다른 사람과 결혼시키려 했지만, 그녀는 사촌과 결혼했습니다.

제 아내의 아버지는 저의 장인이고, 저는 그의 사위이며, 제 아버지는 제 아내의 시아버지입니다. 제 아내의 모든 친척은 저의 인척입니다. 따라서 그녀의 오빠는 저의 처남이고, 그녀의 여동생은 저의 처제입니다. 저의 형제와 자매는 제 아내의 시동생, 시누이입니다. 제 조카의 아내와 제 아내의 조카딸은 저의 조카며느리/처조카입니다. 치료하는 여성은 여의사입니다. 의사의 아내는 의사 부인입니다. A 박사 부인은 오늘 P 박사 부부를 방문했습니다. 그는 세탁부가 아니라 세탁부의 남편입니다.

왕의 아들, 손자, 증손자는 왕족입니다. 히브리인들은 이스라엘에서 유래했기 때문에 이스라엘 자손입니다. 망아지는 다 자라지 않은 말이고, 병아리는 다 자라지 않은 수탉이며, 송아지는 다 자라지 않은 소이고, 새끼 새는 다 자라지 않은 새입니다. 그 아름다운 땅은 매우 원시적인 상태에 있었습니다.

LESSON 44과

아래의 세 접미사는 형용사를 만들기 위해 사용됩니다.
"-ebl-"은 원래의 단어의 뜻에서 가능성을 의미합니다.
vidi(보다) → videbla(볼 수 있는), aŭdi(듣다) → aŭdebla(들을 수 있는),
movi(움직이다) → movebla(움직일 수 있는)
ebla(가능한), eble(아마도, 어쩌면)

"-ind-"은 원 단어가 그럴 만한 가치가 있다고 의미를 확장시키는 역할을 합니다.
honoro(명예) → honorinda(명예로운),
honti(부끄러워하다) → hontinda(부끄러울 만한)
indo(가치), inda(가치 있는)

"-em-"은 어떤 경향성이나 성향이 있음을 의미합니다.
forgesi(잊다) → forgesema(잘 잊는), servi(섬기다, 모시다) → servema(잘 돌봐주는)
ema(좋아하는)
이 세 접미사의 차이는 아래 단어들을 보면 알 수 있습니다.
kredebla(믿을 수 있는) - kredinda(믿을 만한) - kredema(쉽사리 믿는)
legebla(읽을 수 있는) - leginda(읽을 만한) - legema(읽기 좋아하는)

에스페란토	한국어	영어	에스페란토	한국어	영어
ŝtalo	강철	steel	spirito	정신, 영혼	spirit
bagatelo	사소한 일	trifle	fleksi	휘다, 구부리다	to bend
laŭdi	칭찬하다	to praise	renversi	뒤집어엎다	to turn over
memori	기억하다	to remember	eksciti	흥분시키다	to excite
venĝi	복수하다	to revenge	kredeble	내게, 아마	probably
kompreneble	당연히, 물론	of course			

[에스페란토 읽기 연습]

Ŝtalo estas fleksebla, sed fero ne estas fleksebla. Ne ĉiu kreskaĵo estas manĝebla. Vitro estas rompebla kaj travidebla. Via parolo estas tute nekomprenebla, kaj viaj leteroj estas ĉiam skribitaj tute nelegeble. La mallumo estas netrapenetrebla. Li rakontis al mi historion tute nekredeblan. Eble mi povos helpi al vi. Ĉu vi amas vian patron? Kia demando! kompreneble, ke mi lin amas. Mi kredeble ne povos veni al vi hodiaŭ, ĉar mi pensas, ke mi mem havos hodiaŭ gastojn. La tablo staras malrekte kaj kredeble baldaŭ renversiĝos. Li faris sian eblon.

Li estas homo ne kredinda. Via ago estas tre laŭdinda. Tiu ĉi grava tago restos por mi ĉiam memorinda. Ĝi estas vesto de granda indo. Ĝi ne estas inda je danko. La ŝipanaro montriĝas ne inda je sia estro.

Lia edzino estas tre laborema kaj ŝparema, sed ŝi estas ankaŭ tre babilema kaj kriema. Li estas tre ekkolerema, kaj ekscitiĝas ofte ĉe la plej malgranda bagatelo, tamen li estas tre pardonema, li ne portas longe la koleron, kaj li tute ne estas venĝema. Li estas tre kredema, eĉ la plej nekredeblajn aferojn, kiujn rakontas al li la plej nekredindaj homoj, li tuj kredas. Li estas tre purema, kaj eĉ unu polveron vi ne trovos sur lia vesto. Li estas bonega knabo, sed tre ema kredi spiritojn.

[영어 해석]

Steel is flexible, but iron is not flexible. Not every plant is edible. Glass is breakable and transparent. Your speech is quite incomprehensible, and your letters are always written quite illegibly. The darkness is impenetrable. He related to me a story altogether incredible. Perhaps I can help you. Do you love your father? What a question! of course I love him. Probably I shall not be able to come to you today, for I think that I myself shall have guests today. The table stands askew, and will probably soon fall over. He did his best.

He is a man unworthy of belief. Your action is very praiseworthy. This important day will remain for me for ever memorable. It is a coat of great worth. It is not worthy of thanks. The crew show unworthy of their leader.

His wife is very hardworking and economical, but she is also very fond of talking and noisy. He is very irascible, and often becomes excited at the merest trifle; nevertheless he is very forgiving, he does not bear anger long, and he is not at all revengeful. He is very credulous; even the most incredible things, which the most untrustworthy people relate to him, he immediately believes. He is very cleanly, and you will not find even one speck of dust on his coat. He is an excellent boy, but very apt to believe [in] spirits.

우리말은 122p

LESSON 45과

접두사 "dis-"는 분리, 분산을 뜻합니다.
ĵeti(던지다) → disĵeti(흩뿌리다)
ŝiri(뜯다) → disŝiri(갈가리 찢다)
doni(주다) → disdoni(나눠주다)

접미사 "-um-"은 특별히 정해진 뜻이 없고, 원래 단어에서 파생하는 뜻을 가집니다. 그 중 중요한 표현들을 추려보면 다음과 같습니다.
　aerumi (aero, 공기) : 공기를 쐬다
　ventumi (vento, 바람) : 부채질하다
　kolumo (kolo, 목) : (옷의) 깃
　manumo (mano, 손) : 소매
　butonumi (butono, 단추) : 단추 끼우다
　gustumi (gusto, 맛) : 맛보다
　komunumo (komuna, 공동의) : 공동체
　krucumi (kruco, 십자가) : 십자가형에 처하다
　malvarmumi (malvarma, 추운) : 감기들다
　mastrumi (mastro, 주인) : 가사를 돌보다
　plenumi (plena, 가득찬) : 실행하다
　brulumo (bruli, 불타다) : 발화, 염증
　kalkanumo (kalkano, 뒤꿈치) : 구두 뒤축

접미사 "-aĉ-"는 대개 원래의 단어를 낮추어 표현하는 것입니다. (지나치게 사용하지 않도록 유의합니다.)
　domo(집) → domaĉo(가축우리), ridi(웃다) → ridaĉi(비웃다),
　ĉevalo(말) → ĉevalaĉo(노새), obstina(완고한) → obstinaĉa(고집불통의),
　morti(사망하다) → mortaĉi(죽어버리다), lingvo(언어) → lingvaĉo(비속어)

에스페란토	한국어	영어	에스페란토	한국어	영어
rezultato	결과	result	angulo	구성, 모퉁이	angle, corner
tolo	리넨, 아마포	linen	ĉemizo	셔츠	shirt
atingi	닿다, 도달하다	to attain, reach	ŝiri	찢다	to tear
kvankam	비록	although	simila	비슷한, 같은	similar
grava	중요한	important			

[에스페란토 읽기 연습]

Ni ĉiuj kunvenis por priparoli tre gravan aferon; sed ni ne povis atingi ian rezultaton, kaj ni disiris. Malfeliĉo ofte kunigas la homojn, kaj feliĉo ofte disigas ilin. Mi disŝiris la leteron, kaj disĵetis ĝiajn pecetojn en ĉiujn angulojn de la ĉambro. Post tio ĉi oni disiris hejmen. La vojo disiris en kelkaj direktoj.

Mi volonte plenumis lian deziron. En malbona vetero oni povas facile malvarmumi. Li disbutonumis la superveston. Ŝi ludis kun sia ventumilo. Ĉemizojn, kolumojn, manumojn, kaj ceterajn similajn objektojn oni nomas tolaĵo, kvankam ili ne ĉiam estas faritaj el tolo.

[영어 해석]

We all came together to talk over very important business, but we could not reach any result, and we parted. Misery often unites people, and happiness often separates them. I tore up the letter, and threw its bits into every corner of the room. After this they separated for home. The road branched in several directions.

I willingly fulfilled his desire. In bad weather one may easily take cold. He unbuttoned his overcoat. She played with her fan. Shirts, collars, cuffs, and other similar things we call linen, although they are not always made of linen.

[우리말]

우리는 모두 매우 중요한 일을 논의하기 위해 모였지만, 아무런 결과도 얻지 못하고 헤어졌습니다. 불행은 종종 사람들을 모이게 하고, 행복은 종종 그들을 헤어지게 합니다. 저는 편지를 찢어 그 조각들을 방의 모든 구석에 흩뿌렸습니다. 그 후에 사람들은 집으로 흩어졌습니다. 길이 여러 방향으로 갈라졌습니다.

저는 그의 소원을 기꺼이 들어주었습니다. 날씨가 좋지 않을 때는 쉽게 감기에 걸릴 수 있습니다. 그는 외투의 단추를 풀었습니다. 그녀는 자신의 부채를 가지고 놀았습니다. 셔츠, 카라, 커프스 및 이와 유사한 품목은 리넨이라고 불리지만, 항상 리넨으로 만들어진 것은 아닙니다.

[부록]

접속사
어떤 단어들은 오로지 단어나 문장을 이어주는 역할만 합니다. 본문에서 많이 나왔었지만 여기에 다시 한번 정리해봅니다.

에스페란토	한국어	영어	에스페란토	한국어	영어
kaj	그리고	and	sed	그러나, 하지만	but
ĉar	때문에	because, for	ankaŭ	또한	also
ol	~보다	than	se	만약	if
aŭ	또는	or	ĉu	(의문문)	whether
ke	(부속절)	that	kvazaŭ	마치	as if
kvankam	비록~일지라도	although	almenaŭ	적어도, 최소한	at least
tamen	그렇지만	however	do	그래서	then, therefore

다음의 표현들도 유용할 것입니다.

에스페란토	한국어	영어	에스페란토	한국어	영어
kaj ... kaj	(둘 다)	both ... and	aŭ ... aŭ	(둘 중 하나)	either ... or
ĉu ... aŭ	…인지 아닌지	whether ... or	ĉu ... ĉu	…인지…인지	whether ... whether
nek ... nek	(둘 다 아님)	neither ... nor	eĉ se	설령~할지라도	even if
same kiel	~와 똑같이	the same as			

감탄사
다음은 단순히 기쁨, 슬픔, 놀라움 등의 감탄을 표현하는 것들입니다.

에스페란토	한국어	영어	에스페란토	한국어	영어
ah!	아!	aha! ah!	ha!	아!	ah!
he!	헤이!	halloo! hey!	hm!	흠!	hm! humph!
ho!	오!	oh!	oho!	오호!	ho!
ho ve!	아아! 아이고!	alas!	for!	꺼져!	away!
fi!	에잇! 쳇!	for shame!	nu!	글쎄	well!
nu do!	그럼, 그렇다면	well then!	ja!	실로! 참으로!	indeed!
jen!	자! 보라!	there! look!	bis!	앵콜!	again! encore!
kia!	뭐?!	what!	bone!	좋아!	good! all right!
brave!	브라보!	bravo!	hura!	만세!	hurrah!
vere!	진짜로!	truly!	efektive!	정말로!	really!
adiaŭ!	안녕히!	goodbye!	bonvenu!	환영!	welcome!
kompreneble!	물론!	of course!	vivu!	만세!	long live!
antaŭen!	앞으로!	forward!	ĉu vere?	진짜로?	is it true?
ĉu ne?	아닌가요?	is it not?			

복합어

복합어는 만들어 쓰는 게 편리할 때가 많습니다.
이 경우 강조하는 단어는 뒤에 위치합니다.

poŝto(우편) + karto(카드) → poŝtkarto(엽서)
for(멀리) + peli(쫓다) → forpeli(쫓아버리다)
ĉiu(모든) + minuto(분(分)) → ĉiuminuto(매순간)
stacio(역(驛)) + domo(집) → stacidomo(역사(驛舍))
sen(~없이) + movi(움직이다) → senmove(꼼짝없이)
telero(접시) + tuketo(작은 천) → telertuketo(냅킨)

일반적으로 복합어를 만들 때는 단어의 어근만 사용하면 되지만, 발음이나 의미가 중요할 때에는 전체 단어를 쓰기도 합니다.

unutaga(하루의), unuataga(첫날의)

문장의 구조

영어에서는 대부분 문장의 의미가 단어들의 순서에 달려 있습니다.

예컨대 "John saw George"와 "George saw John"은 주체과 객체가 완전히 서로 정반대가 됩니다. 하지만 에스페란토에서는 목적격 "-n"이나 분사의 어미 "-a"와 "-e", 그리고 재귀대명사 "si"가 있어서 단어들의 순서가 달라지더라도 문장의 의미 변화에 영향을 주지 못 합니다. 즉 "Georgon vidis Johano"와 "Johano vidis Georgon"은 완전히 동일한 의미입니다.

그렇다고 단어의 순서와 상관없이 문장의 의미를 잘 전달할 수 있다고 해도, 가장 단순한 문장 구조와 자연스러운 생각의 흐름을 따르도록 하는 게 최선일 것입니다. 즉 영어에 친숙한 화자라면 영어의 순서 그대로 문장을 구성하면 됩니다.

또한 에스페란토에서도 영어처럼 내용의 강조를 위해서 혹은 발음을 고려해서 문장의 배열을 임의로 바꾸는 것도 가능합니다.

Oni min admiras (= Oni admiras min) : People admire me.
(나를 사람들이 존중한다)

추가적으로, 문장 내에 "ne"를 사용할 때에는 그 위치에 주의를 기울여야 합니다. 문장 전체를 부정할 때에는 일반적으로 동사 앞에 위치시키면 됩니다. 그럼 문장 내에서 다른 위치에 "ne"를 배치하였을 때의 의미 변화를 보겠습니다.

Mi deziras vidi Johanon kaj lian fraton.
: I wish to see John and his brother. (Johano과 그의 형을 보고자 한다)

Mi ne deziras vidi Johanon kaj lian fraton.
: I do not wish to see John and his brother.
(Johano와 그의 형을 보는 것을 희망하지 않는다)

Mi deziras ne vidi Johanon kaj lian fraton.
: I wish not to see John and his brother.
　　(Johano와 그의 형을 (둘 다) 보지 않기를 원한다)
　　Mi deziras vidi ne Johanon, sed lian fraton.
: I wish to see not John, but his brother. (Johano가 아니라 그의 형을 보고자 한다)
　　Mi deziras vidi Johanon kaj ne lian fraton.
: I wish to see John and not his brother.
　　(Johano를 보고자 하는 것이지 그 형은 아니다)
　ne는 이외에도 위치나 결합되는 단어에 따라 의미를 달리 하는 경우가 더 있습니다.
　ne tute(not quite, "아주 ~하지는 않은") - tute ne(not at all, "전혀~")
　jam ne(no longer, "더 이상은 아닌") - ankoraŭ ne(not yet, "아직은")

목적어와 함께 사용하는 단어
　이미 언급한 바 있듯이, 형용사나 분사 혹은 명사가 단순히 설명을 위해 목적어를 필요로 하는 경우에는 그 목적어에 "-n"를 추가하면 됩니다.
　Li perdis sian novan libron. : He lost his new book.
　　(그는 자신의 새 책을 잃어버렸다)
　Ŝi trankviligis la kriegantan infanon. : She pacified the screaming child.
　　(그녀는 우는 아이를 달랬다)
　Li vizitis sian fraton Johanon. : He visited his brother John.
　　(그는 자기 형 Johano를 방문했다)
　하지만 형용사, 분사, 명사가 단순히 설명을 위해서만이 아니라 간접적으로 목적어에 대한 정보를 전달할 때에는 "-n"가 필요치 않습니다.
　다음의 예문을 통해 이를 명확히 해보겠습니다.
　Li trovis la pomojn maturajn. : He found the ripe apples.
　　(다 익은 사과들을 발견했다)
　Li trovis la pomojn maturaj. : He found (that) the apples (were) ripe.
　　(사과가 다 익었다는 것을…)
　Li trovis la kruĉon rompitan. : He found the broken jug.
　　(깨진 주전자를 발견했다)
　Li trovis la kruĉon rompita. : He found (that) the jug (was) broken.
　　(주전자가 깨진 것을…)
　Li kolorigis la drapon ruĝan. : He dyed the red cloth. (빨간 옷을 염색했다)
　Li kolorigis la drapon ruĝa. : He dyed the cloth red. (옷을 빨갛게 염색했다)
　Li tranĉis la veston tro mallongan. : He cut the too-short coat.
　　(너무 짧은 옷을 잘랐다)
　Li tranĉis la veston tro mallonga. : He cut the coat too short.

(그 옷을 너무 짧게 잘랐다)

Li nomis la knabon mensogisto. : He called the boy a liar.
(그는 소년을 거짓말쟁이라고 불렀다)

이러한 방식을 아래와 비교해봅시다.

Li kolerigis sian patron. (= Li igis sian patron kolera.)
: He made his father angry. (그는 자기 아버지를 화나게 만들었다)

La perdo frenezigis lin. (= La perdo igis lin freneza.)
: The loss drove him mad. (상실이 그를 미치게 만들했다)

Ĝi senutiligis la pafilon. (= Ĝi igis la pafilon senutila.)
: It rendered the gun useless. (그것이 총을 소용없게 만들었다)

유용한 표현들

흔히 쓰이는 유용한 표현들은 다음과 같습니다.

에스페란토	한국어	영어
tio estas	즉	i.e., that is
kaj cetere (k.c.)	기타등등	et cetera
kaj tiel plu (k.t.p.)	기타등등	and so on
kiel ekzemple (k.ekz.)	예를 들어	as for example
kiel elbe plej rapide	가능한 빨리	as soon as possible
kio ajn okazos	무슨 일이 있어도	whatever happens
kondiĉe, ke	~의 조건으로	on the condition that
kun la kondiĉo, ke	~의 조건으로	on the condition that

일상적인 대화에서 사용될 만한 표현들을 모아보았습니다.

에스페란토	한국어	영어
Bonan tagon, sinjoro.	안녕하세요, 선생님.	Good day, sir.
Kiel vi fartas?	어떻게 지내십니까?	How do you do?
Tre bone, mi dankas.	아주 잘요, 감사합니다.	Very well, I thank you.
Mi dankas vin.	감사합니다.	I thank you.
Dankon.	고마워요.	Thanks.
Multe da dankoj.	정말 감사합니다.	Many thanks.
Vi estas tre ĝentila (afabla).	정말 친절하시군요.	You are very kind.
Vi estas tre kompleza.	정말 호의적이시군요.	You are very obliging.
Mi malsatas.	저는 배고픕니다.	I am hungry.
Mi soifas.	저는 목마릅니다.	I am thirsty.
Al mi estas varme (malvarme).	저는 따뜻합니다. (춥습니다.)	I am warm (cold).
Kiu estas tie? Estas mi.	저기 누구죠? 저입니다.	Who is there? It is I.
Sidiĝu, mi petas.	앉아주세요.	Be seated, I beg (you).
Kun plezuro.	기꺼이요.	With pleasure.

에스페란토	한국어	영어
Kion vi bezonas?	무엇이 필요하십니까?	What do you want?
Ĉu vi min komprenas?	제 말을 이해하셨나요?	Do you understand me?
Vi estas prava (malprava).	당신이 옳습니다. (틀립니다.)	You are right (wrong).
Tio estas vera.	그것은 사실입니다.	That is true.
Estas vera, ke...	~라는 건 사실입니다.	It is true that...
Je kioma horo vi foriros?	언제 떠나실 건가요?	At what time are you going?
Kioma horo estas?	몇 시인가요?	What time is it?
Kiom kostas tio ĉi?	이것은 얼마일까요?	How much does this cost?
Ĝi kostas tri ŝilingojn.	그것은 3실링입니다.	It costs three shillings.
Kie vi estas?	당신은 어디 계십니까?	Where are you?
Kien vi iras?	당신은 어디로 가십니까?	Where are you going?
Kian aĝon li havas?	그는 몇 살인가요?	How old is he?
Antaŭ unu semajno.	일주일 전.	A week ago.
Post du tagoj.	이틀 후.	In two days.
Li venos ĵaŭdon.	그는 목요일에 올 것입니다.	He will come on Thursday.
Pasigu al mi la panon, mi petas vin.	빵을 제게 건네주시겠어요.	Pass me the bread, I beg you (please).
Estas li mem!	그 자신입니다!	It is himself!
Tiom pli bone	훨씬 좋군요!	So much the better!
Oni diras, ke...	사람들이 말하길...	They say, that...
Neniu tion diras.	누구도 그건 말하지 않습니다.	Nobody says that.
Kio okazis?	무슨 일이 있었나요?	What has happened?
Ĉu vi konas Sinjoron A.?	A씨를 아십니까?	Do you know Mr. A.?
Mi scias, kiu li estas, sed mi ne konas lin.	저는 그가 누군지는 알지만, 잘 아는 사이는 아닙니다.	I know who he is, but I do not know him.
Ĉu estas leteroj por mi?	저한테 온 편지가 있나요?	Are there letters for me?
Rapidu.	서둘러요.	Be quick.
Ne diru tion.	그건 말하지 마세요.	Do not say that.
Ne faru tion.	그건 하지 마세요.	Do not do that.
Kia estas la vetero? = Kian veteron ni havas?	날씨가 어떤가요?	What kind of weather is it?
Pluvas.	비가 옵니다.	It rains.
Neĝas.	눈이 내립니다.	It snows.
Pluvis la tutan nokton.	밤새 비가 왔습니다.	It rained all night long.
Estas bele, varmege.	(날씨가) 좋고, 아주 덥습니다.	It is fine, hot.
Ĉu mi tion faru?	제가 그걸 해도 될까요?	Shall I do that?

편집자의 말

에스페란토는 언어의 장벽을 허물기 위한 꿈에서 태어난 언어입니다.

이번에 출간하게 된 이 책은, 우리가 언어를 처음 배우는 본질적인 방식에 가까운 접근을 시도한 의미 있는 결과물이라고 생각합니다.

학습자가 지식으로서가 아니라 '감각'으로 언어를 받아들이기를 바랍니다. 단어와 문법을 외우기보다, 직접 보고 듣고 말하고 상상하는 과정을 통해 언어를 '체화'하는 방향으로 구성되었습니다. 저자는 에스페란토 단어를 우리말로 단순 대응시키기보다는, 그 단어가 지닌 이미지나 의미를 직접 떠올리는 연습을 제안합니다. 이 책의 여러 예문과 설명들은 바로 그 연습을 도와주기 위해 치밀하게 설계되었습니다.

무엇보다 인상적인 점은, 책의 전체 흐름이 '하루에 한 과' 라는 리듬을 유지하도록 구성되어 있다는 점입니다. 하루에 부담 없이 하나씩 학습하다 보면, 약 한 달 반이면 자연스럽게 에스페란토의 기초를 마스터할 수 있게 됩니다. 각 과에서는 간결한 설명, 직관적인 예문, 반복 가능한 문장 읽기로 구성되어 있어, 독학은 물론이고 다양한 교육 현장에서도 활용이 가능합니다. 실제로 여러 언어교육 전문가들이 교재로서의 활용 가능성을 높게 평가해 주셨습니다.

이 책은 단순히 정보를 전달하는 데 그치지 않습니다. 독자에게 '언어는 이해하는 것이 아니라 익숙해지는 것' 이라는 메시지를 반복해서 건넵니다. 실수해도 괜찮고, 속도가 느려도 괜찮으며, 중요한 것은 매일 언어와 마주하는 시간을 갖는 것임을 상기시켜 줍니다.

언어는 소통을 위한 수단입니다. 하지만 그 도구를 어떻게 배우느냐에 따라, 언어는 하나의 예술이자 놀이이자 철학이 될 수도 있습니다. 이 책은 그 가능성을 여는 열쇠가 되어 줄 것입니다. 언어를 감각으로 받아들이고 싶었던 모든 학습자, 기존의 문법서에 지쳐 새로운 접근을 찾던 모든 이들에게 이 책이 따뜻한 친구가 되어주기를 바랍니다.

에스페란토의 맑고 따뜻한 세계로 안내하는 이 여정에 함께해 주셔서 감사합니다.

이 책을 구매하신 모든 분께 감사드립니다.

2025년 7월에
오태영(Mateno, 진달래 출판사 대표)

저자 소개

에스페란토 운동 초기에 활동한 영국의 에스페란티스토이며, 에스페란토 교사로 활동하며 쌓은 다양한 경험을 기반으로 이 책(원제: "The Esperanto Teacher")을 집필하였습니다. 그간 여러 나라에서 에스페란토 초급 교재로 널리 활용되어 왔고, 이를 통해 에스페란토의 저변을 넓히는 데 크게 기여하였습니다. 영어 원어민 선생님답게 에스페란토 구문을 일일이 완벽한 영어 문장과 대응하여 학습 내용을 구성함으로써 더 정확한 외국어 습득에 큰 도움을 줍니다.

역자 소개

인생의 절반은 사회가 살라는 대로 살아온 다음, 나머지 절반의 인생은 스스로 살고 싶은 대로 살기 위해 파이어(FIRE)족으로 조기은퇴를 선언한 후, 현재는 취미로 여러 가지 언어를 배우며 Polyglot을 꿈꾸는 전업 작가로 살고 있습니다. 이 책은 다양한 채널로 언어를 배우던 중 접하게 된 책인데, 재밌게도 굳이 문법에 목매지 않고도 언어를 익힐 수 있도록 다채로운 예문들을 중심으로 내용이 구성이 되어 있다는 점과 함께, 기왕이면 누구나 학창시절부터 배우지 않을 수 없었던 영어를 기반으로 예문의 설명들이 이루어져 있어 두 언어를 동시에 배우는 기분까지 들어 더 깊은 흥미를 느낄 수 있었습니다. 역사학자로서 동양 고전부터 서양 인문학까지 폭넓은 독서를 통해 역사적 통찰력을 키웠으며, 고려 시대뿐만 아니라 발해, 고구려의 다양한 역사적 주제를 다루는 『삼국지와 고구려』, 『발해제국 연대기』, 『개혁군주 광종』, 『연개소문 전쟁』, 『강조의 난』 등을 집필해 출간했습니다.

[우리말] 20과 - ③

무언가. 저는 무언가 일어나고 있다고 느낍니다. 저는 당신에게 아무것도 준 적이 없습니다. 저는 당신에게 무언가 좋은 일을 해주고 싶습니다. 이것이 무엇입니까? 이 장식은 어떤 것입니까? 제가 무엇을 보고 있습니까? 이것이 제가 말했던 모든 것입니다. 저는 당신에게 아무것도 양보하지 않을 것입니다. 어머니에게 어떤 일도 하지 마세요. 무엇보다 자신에게 충실하세요. 그녀는 처음에는 자신조차 이해할 수 없는 무언가를 느꼈습니다. 조금. 그녀는 조금 화를 내며 말했습니다. 눈동자는 점점 작아졌습니다. 누가 그렇게 분별력이 없어서 그것을 믿을 수 있겠습니까? 돈이 얼마나 있습니까? 저는 전혀 없습니다. 와인만큼 많은 물을 주세요. 누군가. 누군가 옵니다. 누구입니까? 누가 감히 그런 짓을 할까요? 모두 자신이 할 수 있는 대로 자신을 구하려고 노력했습니다. 아무도 우리를 이해하지 못할 언어. 아무도 그 익사하는 사람을 구할 수 없었습니다. 그는 아무에게도 심지어 1센트도 도움을 준 적이 없습니다. 우리는 모두 함께 갈 것입니다. 저는 그 도시에서 아무도 모릅니다. 이것은 모든 인간의 힘을 초월합니다. 제가 어디에서 왔고, 어디로 가며, 왜 가는지에 대해서는 오직 "모른다"고만 답할 수 있습니다. 그에게 출발을 조금 늦춰달라고 요청했습니다. 이 둥지들은 종종 그곳 사람들의 작은 집들보다 더 큽니다. 그는 이 보잘것없는 땅을 영원히 떠나겠다는 굳은 결심을 하고 떠났습니다. 누군가 이것을 본다면, 그는 운명을 저주할 것입니다. 만약

소 혀가 저에게 당신에게만큼 좋은 맛을 줄 수 있다면, 저는 100파운드를 줄 것입니다. 몇 시입니까? 곧 12시입니다.

[우리말] 41과

사진사가 저를 사진 찍었고, 저는 제 사진을 아버지께 보냈습니다. 친구여, 당신은 헛소리를 하고 있군요. 저는 케이크와 잼이 든 차를 마셨습니다. 물은 액체입니다. 와인이 불순물을 포함하고 있어서 마시고 싶지 않았습니다. 탁자 위에는 다양한 과자가 놓여 있었습니다. 저는 맛있는 계란 요리를 먹었습니다. 어딘가로 여행할 때, 저는 많은 짐을 가지고 가지 않습니다. 아이스크림은 달콤한 얼린 간식입니다. 호수 전체 표면은 떠다니는 잎사귀와 다양한 다른 식물들로 덮여 있었습니다. 나무꾼은 나무를 팔고, 목수는 탁자, 의자 및 다른 목재 물건들을 만듭니다. 저는 어떤 알코올음료도 마시지 않습니다. 그의 나이든 어머니가 집안 살림을 꾸렸습니다. "그는 나쁜 외모를 가졌습니다"라고 히브리인이 대답했습니다. 그녀는 지난날의 행동들을 곰곰이 생각했습니다. 그것은 거미줄처럼 가볍습니다. 옷의 끌리는 부분이 길었습니다. 그들은 살아있는 생물처럼 움직입니다. 그는 그녀의 아름다움과 선함 때문에 이 소녀를 사랑합니다. 그의 영웅적인 행동은 저를 매우 기쁘게 했습니다. 저는 그들과 큰 우정 속에서 살고 있습니다. 우리는 분명히 강 근처에 있습니다. 이것이 가장 중요한 특징입니다. 궁중 의식은 불편함을 요구합니다. 이 사람의 재산은 많지만, 그의 어리석음은 훨씬 더 큽니다. 이 작은 병들에는 다양한 산, 식초, 황산, 질산 등이 들어 있습니다. 이 식초의 산도는 매우 약합니다. 당신의 와인은 단지 끔찍한 신맛 나는 것일 뿐입니다. 이 거대한 고지대는 자연적인 산이 아닙니다. 그 산의 높이는 그리 높지 않습니다.

[우리말] 44과

강철은 유연하지만, 철은 유연하지 않습니다. 모든 식물이 먹을 수 있는 것은 아닙니다. 유리는 깨지기 쉽고 투명합니다. 당신의 말은 전혀 이해할 수 없으며, 당신의 편지는 항상 전혀 읽을 수 없게 쓰여 있습니다. 어둠은 뚫을 수 없습니다. 그는 저에게 전혀 믿을 수 없는 이야기를 들려주었습니다. 아마도 제가 당신을 도울 수 있을 겁니다. 당신은 아버지를 사랑하나요? 무슨 질문이에요! 물론 사랑하죠. 저는 아마 오늘 당신에게 갈 수 없을 것 같습니다. 왜냐하면 제가 오늘 손님을 맞이할 것 같기 때문입니다. 탁자가 기울어져 있고 아마도 곧 넘어질 것입니다. 그는 최선을 다했습니다.

그는 믿을 수 없는 사람입니다. 당신의 행동은 매우 칭찬할 만합니다. 이 중요한 날은 저에게 항상 기억될 만한 날로 남을 것입니다. 그것은 매우 가치 있는 옷입니다. 그것은 감사할 가치가 없습니다. 선원들은 그들의 선장에게 합당하지 않음을 보여줍니다. 그의 아내는 매우 근면하고 검소하지만, 매우 수다스럽고 소리를 잘 지릅니다. 그는 매우 화를 잘 내고, 가장 사소한 일에도 자주 흥분하지만, 매우 관대하여 분노를 오래 품지 않으며, 전혀 복수심이 없습니다. 그는 매우 잘 믿어서, 가장 믿을 수 없는 사람들이 들려주는 가장 믿을 수 없는 일들도 즉시 믿습니다. 그는 매우 깔끔하여, 그의 옷에서 먼지 한 톨도 찾을 수 없을 것입니다. 그는 훌륭한 소년이지만, 영혼을 믿는 경향이 있습니다.

MEMO

MEMO

MEMO

MEMO

MEMO